人力资源培训与开发实用教程

史　娜　主编

北 京 邮 电 大 学 出 版 社
·北京·

内容简介

本书以组织中的人力资源培训与开发活动为中心，介绍了现代培训与开发的基本概念和原理，人力资源培训与开发的组织、培训需求分析、培训计划与预算、培训项目设计、培训方法以及组织开发等内容，并探讨了在当前技术应用广泛、变革日益加剧情况下培训与开发的一些实践应用路径。

本书适于人力资源管理专业和一般管理专业学生、教师以及从事管理工作的人员尤其是人力资源管理人员使用。

图书在版编目(CIP)数据

人力资源培训与开发实用教程 / 史娜主编. --北京：北京邮电大学出版社，2014.2

ISBN 978-7-5635-3839-3

Ⅰ.①人…　Ⅱ.①史…　Ⅲ.①人力资源管理—教材　Ⅳ.①F241

中国版本图书馆 CIP 数据核字（2013）第 317572 号

书　　名：人力资源培训与开发实用教程
主　　编：史　娜
责任编辑：满志文
出版发行：北京邮电大学出版社
社　　址：北京市海淀区西土城路 10 号(100876)
发 行 部：电话：010-62282185　传真：010-62283578
E-mail：publish@bupt.edu.cn
经　　销：各地新华书店
印　　刷：北京联兴华印刷厂
开　　本：787 mm×1092 mm　1/16
印　　张：9.75
字　　数：235 千字
版　　次：2014 年 2 月第 1 版　2014 年 2 月第 1 次印刷

ISBN 978-7-5635-3839-3　　定价：24.00 元

·如有印装质量问题，请与北京邮电大学出版社发行部联系·

《人力资源培训与开发实用教程》
教材编写团队

编写顾问：伍曙（副教授，广东技术师范学院天河学院管理系主任）

刘羚（广东省培训委员会秘书长，广东省通用职业培训学院董事长，资深培训专家）

主　　编：史娜

副 主 编：胡华　钟敏霞　林慧

外语编辑：董华

参编人员：罗　莉　余海泉　仇沛妍

吴钰鼎　凌宇鹏　汪美婷

前　　言

企业获得人才的渠道有两种:一是从劳动力市场招聘;二是对企业内部现有员工进行开发。企业不可能在任何时候都能轻易获得合适的人才,因此,从长远来看,对员工的培训与开发更是企业持续发展的关键。人才的成长与组织的发展都离不开培训。企业为了实现其目标,就必须从战略上重视员工的培训与发展。

实践证明,企业培训师制度建设工作起到了提高企业培训工作者素质、推动现代企业培训制度建设的作用,深得各地、各行业,特别是企业的欢迎。在 2006 年 4 月,中共中央办公厅、国务院办公厅联合下发的《关于进一步加强高技能人才工作的意见》(中办发[2006]15号)中明确指出:鼓励企业推行企业培训师制度建设的热情,也对企业培训师制度建设工作提出了更高的要求。

为了使培训有效,培训必须有理论或培训专家的指引,并使用合适的培训技术,采取恰当的培训方法,按照规范的培训流程有计划地开展工作。这就需要全面彻底地掌握培训与发展的规律和实践,因此本书内容涵盖企业培训与发展的整个领域。本书既介绍了传统的培训方法,同时也研究了现代组织内的培训与发展问题。共分两大部分:第一部分(第一、二章)概述了培训的相关内容,论证了培训的基本理论、战略性地位,并高屋建瓴地展望了今后一二十年企业培训所面临的挑战与发展趋势;第二部分(第三至第九章)介绍了培训与开发实践环节中每一实施步骤的的基本理论及方法。

教材具有以下具体特点:一是根据形势的发展;尽可能全面地将全国人才工作会议以来,党和国家有关重要的方针政策进行收录、解读,并尽可能及时、全面地介绍近年来国内外企业培训、职业培训方面的新理念、新方法,做到与时俱进;二是在第二至第九章即技能训练提升部分的每一章增加了课程实训内容,辅助教师在校园环境中适当开展培训与开发的实训工作,帮助学生逐步锻炼培训与开发专业技能;三是教材难易程度适中,在同一工作内容上,难易程度的层级性更加明显,突出了循序渐进的特点,力求体现理论知识够用、实际工作能力培养突出,通俗、易懂,便于自学。根据这些原则,由于水平、能力所限,教材中一定还有诸多不足之处,恳请各位读者、广大企业培训工作者不吝指正。我们也将在实践中不断丰富、完善教材的内容。衷心希望这套教材真正成为广大读者、特别是企业培训工作者职业生涯发展的挚友，为推动现代企业培训制度建设、促进企业发展做出贡献。

本书具有团队创作的特点，书中许多思想和智慧的火花都是由我们团队成员在无数次的交流与沟通、协作共事的过程中碰撞出来的。全书共分九章，各章节内容及作者安排如下（以章为序，括号内为该章作者）：第一章，培训概述（史娜、胡华）；第二章，培训发展趋势分析（林慧、史娜）；第三章，岗位职务描述（钟敏霞、林慧）；第四章，培训需求预测（林慧、史娜）；第五章，培训项目开发（史娜、胡华）；第六章，培训课程开发与设计（林慧、钟敏霞、胡华）；第七章，培训教材开发（史娜、钟敏霞）；第八章，培训方法与技术（钟敏霞、林慧）；第九章，培训效果的转化与效果评估（史娜、钟敏霞）；林慧、钟敏霞对全书进行了初审，罗莉、余海泉、仇沛妍、吴钰鼎、凌宇鹏、汪美婷参与了本书文献的收集与整理工作，史娜、胡华负责全书的修改、审定、总纂和定稿工作。

在本书的编写过程中，吸收和借鉴了国内外培训与发展方面的最新研究成果与典型案例，参考和引用了国内外有关教材、专著、案例和文献资料，在此谨向各位作者深表谢意！

人力资源管理是一门实用性极强的学科，在实践中需要不断地进行总结和发展，如何编写出优秀的适合本科学生特点的教材，是目前高等院校专业教师面临的主要课题，我们会努力探索。同时，由于教学任务比较繁重，受时间和水平的限制，教材中难免会有不妥之处，烦请各位专家和读者批评指正。

编　者

2013 年 9 月于广州

目 录

第一部分 基础理论

第二部分 培训实务

第一部分 基础理论

第一章　培训概述

重点问题

- 理解培训的概念
- 理解实施培训与开发的必要性
- 了解培训的分类方式
- 了解培训未来面对的发展趋势

关键术语

- 培训
- 组织培训
- 人力资源培训与开发
- 人员配置战略
- 虚拟培训组织

第一节　培训基本概念

培训与开发对企业的意义越来越重要。越来越多的企业对员工能力的培训与开发，已经超越某一项专业技能的培训与开发，而更多着重于两个新的目的：一是向员工传授其他更为广泛的技能，使员工的技能由单一技能向多重技能转换，以适应不断变化的客户需求与组织发展的需要，如主动解决客户需求的技能、有效的沟通技能、团队合作技能及学习技能；二是利用培训与开发来强化员工对组织的认同，提高员工的忠诚度，培养员工的客户服务意识，提高员工的适应性和灵活性，使员工与组织同步成长。

一、培训

培训是给新员工或现有员工传授其完成本职工作所必需的基本知识和技能的过程。

培训是一种经验在过程中转让，使受训者掌握新的标准，行为及态度。

二、培训的分类

（一）以培训地点划分

1. 企业内培训

在企业的培训部或部门的统一安排下，利用企业内设的培训教室，在工作时间外利用企业的生产设备、仪器所进行的培训活动称为企业内培训。培训员可由专职教员担任或外请。

2. 企业外培训

培训的地点不在自己企业内，而是委托社会培训机构代理，或选送职工至企业外接受培训。各企业可以充分利用有关院校的教育资源开展企业外培训，也可利用社会上的专题讲座和报告会、参观考察等活动作为企业外培训的项目，培训时间可根据需要采用全日式、间日式或兼时式。

3. 在岗培训

在岗培训也是企业内部培训的方式之一，其特点在于受训职工不离开工作岗位，或以目前担任的工作为媒体而接受训练。培训方式有多种，例如接受主管经理、督导员、领班或同事的业务指导，出席有关会议、见习或代理工作、工作轮换等均属在岗培训。

（二）以培训对象的层次分

培训对象一般有：督导管理层、决策管理层、专业技术人员及操作人员层。

1. 以督导管理层为培训对象

督导管理人员是企业的中坚力量，包括部门经理以下的各级管理人员，如班组长。这一层次人员在企业管理中起举足轻重的作用。对督导管理人员的培训重点是管理概念与能力的培训，专业知识的深化培训以及如何处理人际关系等实务技巧。

2. 以决策管理层为培训对象

高级管理人员是企业管理决策层的重要人物，包括正、副总经理。作为企业管理中枢，对决策管理层培训的内容主要是如何树立宏观经济观念、市场与竞争观念以及销售因素分析与营销策略制订、预算管理、成本控制和组织行为等一系列课题。

3. 以专业技术人员及操作人员层为培训对象

企业各类专业技术人员和各技术工种实际操作人员的素质水平、技术熟练程度与工作态度直接影响整个企业产品水准与产品质量。对一般人员的培训目标应着眼于提高他们的整体素质，即从专业知识、业务技能与工作态度三方面进行培训。

（三）以培训时间的阶段分

一般分为：在职培训、职前培训及职外培训三类。

1. 在职培训

在职培训是指企业职工在工作场所以及在完成生产任务过程中所接受的培训。对职工的在职培训是职前培训的继续和发展，是从低水平或培训的初级阶段迈向中级阶段的重要方法与步骤。职前培训是为企业职工做好就业的准备，是每个职工加入企业的必经之路；而在职培训则是职前培训的深化过程，持续的时间比职前培训要长。对一个注重培训的企业来讲，在职培训会始终贯穿每一个职工就业的全过程。

在职培训按性质与目的不同可分为下列各类：

(1)补充学能培训：指各企业对所属职工做现任工作所需要的学识技能中的欠缺部分，经由训练予以补足，使其能胜任现职工作和提高效率。参加此种训练的人都是现职职工，按其主要训练课程的不同，又可分为技术培训、学识技能培训、行政管理培训等。

(2)储备学能培训：指各企业对工作成绩优异以及具有发展潜能的职工，对其将来担当更繁重工作所需的学识技能，先进行培训储备，以便遇到职位空缺时可随时调升并能立即胜任新职。

(3)人际关系培训：指各企业为增进职工对人际关系的了解，以加强职工相互间的合作、团结以及协调的训练。根据主要课程的不同，又可分为公共关系训练、信息沟通训练、领导系统训练等。

(4)激发技能训练：指各企业为解决有关问题，召集部分职工，激励他们高度运用智慧思考，提出处理问题的策略、程序与方法，以协助企业领导解决问题。这种训练根据运用智慧与思考方式的不同，又可分为解决问题训练，创造力训练、启发智力训练、模拟训练、激发意愿和发挥潜能训练。

2. 职前培训

也称就业培训，即企业职工上岗前的培训。通过职前培训可为企业提供一支专业知识、业务技能与工作态度均符合经营要求的职工队伍，这对企业发展具有至关重要的作用。职前培训依其性质与目的的不同，分为两类：

(1)一般性职前培训

主要目的是向新录用的人员介绍企业的一般情况（如组织结构、各部门职能、公司历史、主要的政策法规、今后发展方向及职工的权利义务与责任等），以增进新进人员对本企业的了解与信心。

(2)专业性职前培训

专业性职前培训的主要目的在于使新员工切实了解处理业务的原则、技术、程序与方法，以期在培训结束后，即能适应并胜任所分配的工作。

3. 职外培训

指因企业业务发展或职工由于工种变更、职位提升等而需要进行的某种专业训练。这种培训要求受训职工暂时脱离岗位或部分时间脱离岗位参加学习或进修，因此称为职外培训。

（四）按岗位划分

一般分为：人力资源培训、战略管理培训、采购培训、生产培训、物流培训、企业文化培训、商务礼仪培训、市场营销培训、销售培训、员工职业化培训、责任体系培训等。

（五）按培训方式划分

其中包括：企业内训、企业公开课、网络在线培训三种形式。

企业内训：是培训公司根据企业培训的需求，为企业量身定做的企业课程，具有培训时间、培训地点方面的充分灵活性。企业内训是世界500强普遍采用的一种培训方案。越来越多的国内企业也开始认识到企业培训通常能最好的达到他们的培训和发展需要。

企业内训可以分为公司培训、部门培训、岗位培训、自我学习、外出培训。公司培训。公司培训管理部门根据培训总计划组织的，全公司公共部分的培训，如我公司培训中的GMP基础知识、药事法规、微生物知识、6S知识，QC活动知识、安全知识等；部门培训。各部门根据公司培训总计划组织的，与本部门有关的各类知识的培训，如我公司培训中的岗位职责、岗位操作法等；岗位培训。岗位对员工进行的实际操作技能的培训与岗位内的相互学习、自我学习。员工自己主动的进行专业知识的再学习和操作技能的锻炼。

企业公开课：企业公开课是以公开授课形式为企业单位或个人提供工作技能提升的培训服务，适合参加公开课培训的人群涵盖了社会的各个阶层，如刚从职人员的销售知识培训，或具有资深从职经验的高级总裁培训。

网络在线培训。网络培训：信息革命对社会各个领域产生了深刻的影响，社会的发展需要人们拥有更新的知识体系，更快地把握瞬息万变的时代变化。但是传统教育模式显然无法跟上知识更替和信息爆炸的步伐。世纪之初的教育正在向“终身化”方向发展。网络作为信息的天然载体，必将通过其在教育领域所特有的功能来回应信息化潮流。

（六）按照培训职责划分

一般分为：应岗培训、提高培训、发展培训、人文培训、拓展培训五种形式。

第一类：应岗培训，目的是为了让员工达到上岗的要求。

第二类：提高培训，提升岗位业绩。

第三类：发展培训，对员工进行职业生涯规划方面的培训。

第四类：人文培训，讲人文，讲音乐，亲子教育，讲服装搭配。

第五类：拓展培训，这是一种户外体验式培训。体验式培训强调员工去“感受”学习，而不是单在课堂上听讲。在体验式培训中，培训对象是过程的主宰。如果员工感到课程的进程由他们掌控，他们将更加注意活动的过程——没有人比自己更能走近自己的内心。也是企业更加喜欢和务实的一种类型。

三、组织培训

组织培训，是指组织为了提高劳动生产率和个人对职业的满足程度，直接有效地为组织生产经营服务，从而采取各种方法，对组织各类人员进行的教育培训投资活动。组织培训的主体，是组织的全部员工，由于员工担任的职位不同，因此培训方向具有多样化的特征。一般来说，主要划分为三大类：一是决策层人才，二是管理层人才，三是操作层人才。

四、人力资源培训

人力资源培训是人力资源管理的一项重要内容，是企业实现人力资源管理战略目标的重要途径，也是吸引人才、留住人才、不断提高经济效益的重要手段。培训对于组织的作用主要体现在三个方面。

首先，培训有助于组织培育和形成共同的价值观、增强凝聚力。培训的激励作用远大于保健功能，组织通过举办培训，向员工灌输组织的价值观，使员工在接受新知识，新信息的过程中，产生丰富的感悟，这些感悟与工作中的体验相结合，给人以精神上的激励，这使得培训不仅具有拓展知识，提高技能的作用，而且具有鼓舞自信心，激发工作热情的功效。因此，通过组织的培训，员工可逐步理解并接受组织的价值观，并引导员工将个人目标与组织的长远发展紧密结合在一起，从而形成良好、融洽的工作氛围。通过培训，可以增强员工对组织的认同感，增强员工与员工、员工与管理人员之间的凝聚力及团队精神。

其次，培训有助于员工潜能的开发，是达到人与"事"相匹配的有效途径。培训的一个主要方面就是岗位培训，其中岗位规范、专业知识和专业能力的要求被视为岗位培训的重要目标，是将组织战略目标与员工的个人职业发展相结合，不断使员工的潜能发挥出来。在科学技术日新月异和生产力快速发展的今天，企业的规模越来越大，但组织越来越精简，人员越来越精干，组织形式由金字塔式向扁平式发展，这就对人的素质提出了极大的挑战，原来需要几个人完成的工作或看管的机器，现在可能只要一个人完成，这就对员工的素质和能力提出了更高的要求，因此培训的内涵是对员工潜在能力的开发，而不仅仅是知识的补足、技能的训练，其目的是促进员工全面、充分地发展，通过培训不仅提高员工岗位工作能力，增强工作信心，促进员工的价值观念，工作作风及习惯的调整，从而给企业带来无穷无尽的活力。

最后，培训是保障员工绩效改善的重要措施。改善员工的绩效单纯靠提级，物质刺激得到的改变是不可持续的。培训是一种有效的激励手段，它不是在消极地约束人的行为，而是在积极地引导人的行为。组织行为理论告诉我们，一个人的工作绩效取决于这个人的工作行为，而其工作行为又由他在具体工作情景下所决定的行为目标决定。当员工工作绩效不佳、素质能力低于工作要求时，如果通过培训使员工工作绩效改善，那就是通过行为目标和方式的改进而塑造了员工的合理行为。企业要提高劳动生产率，增加经济效益，重要的是调动员工的积极性，进行有效激励。企业培训作为激励手段之一，通过为各类员工提供学习和发展的机会，能够丰富各岗位员工的专业知识，增强员工的业务技能，改善员工工作态度，使之取得更好的绩效。员工在获得工作满足感后，可激发出更高的主动性、积极性和创造性，为企业赢得更大效益。如：对操作人员技能、态度和综合素质的培训，能使其建立积极的心态、掌握正确做事的原则及方法，减少工作失误，提高工作绩效；对各职能人员进行专业技术知识及综合思维能力的培训，能使之认识到个人的责任，自主、自立、自我提高，并主动为企业战略目标作贡献；加强对各类管理人员的技能、知识培训能扩展他们的视野，使其更好地管理、指导下级、提高企业效益。

通过培训，企业全体员工可获得或改进与工作有关的知识、技能、动机、态度和行为，每个员工既是劳动者又是所在岗位的管理者，就能从管理者的角度去思考如何改进工作绩效，从而在个体效率提高之后达到组织效率的提高。

五、培训的作用

培训的作用体现在三个方面：其一，补偿作用；其二，保持企业竞争力的重要手段；其三，提高生产效率。图 1.1 是三者的作用模型图。

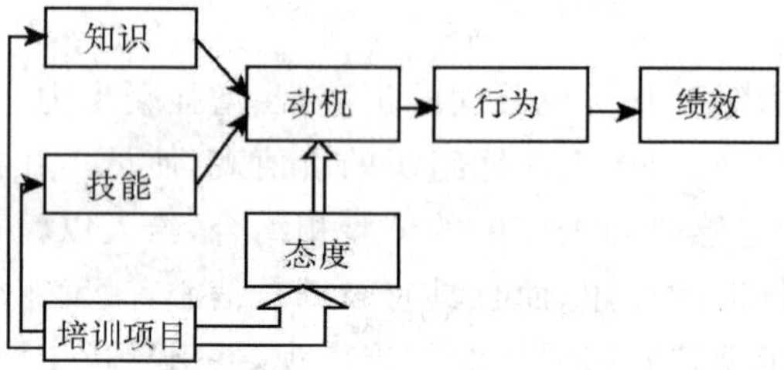

图 1.1 培训的作用模型

六、培训的目的

培训的出发点和归宿是“企业的生存与发展”，其目的具体如下：第一，适应企业外部环境的发展变化；第二，满足员工自我成长的需要；第三，提高绩效；第四，提高企业素质。我们可以把企业培训概括为这样一个三位一体的目的：通过企业或员工履行教育培训的责任和权力，使企业工作富有成效，使企业维持生存和发展。

七、培训与人力资源管理各个模块的关系

人力资源管理实践包括人员配置方面（决定需要多少员工、招聘和甄选员工）的投资（时间、精力和财力）、绩效管理、培训及薪酬与福利这些管理活动。培训的类型和用于培训的资源要受两方面人力资源管理实践的影响；人员配置战略和人力资源规划。

（一）人员配置战略

人员配置战略是有关企业到哪里寻找员工、如何进行甄选以及确定员工技能与某职位（临时、全职等）相匹配的决策。比如一个企业的人员配置决策是要决定在多大程度上依赖内部劳动力市场（企业内部）或外部劳动力市场（企业外部）来填补职位空缺。企业的人员配置战略会在两方面影响培训：晋升和工作分配决策（工作流量）的标准及企业为填补职位空缺而获取人力资源的地点偏好（供给流量）。

企业在制订晋升和工作分配标准决策时，因个人、小组或经营部门绩效的程度不同而有所不同。另外，各企业为满足人员需求对现有员工（内部劳动力市场）或竞争对手的员工以及刚刚进入劳动力市场的员工——如大学生（外部劳动力市场）的偏好程度也有所不同。

表1.1显示了人员配置战略的两方面因素之间的关系。工作需求流量与供给流量的相互作用导致了四种典型的公司：堡垒型、橄榄球队型、俱乐部型和学会型。每种类型的公司培训实践的重点都不相同。比如，有些公司（像医学研究公司）强调革新与创造性，这种类型的公司属于橄榄球队型。由于培训革新技能和创造技能非常困难，所以这些公司趋向于采用从竞争对手那里挖人或者雇用具有特殊技能的毕业生这样的办法来解决人员需求。

表1.1　人员配置战略的工作需求流量、供给流量之间的关系

<table>
<tr><td colspan="2" rowspan="2"></td><td colspan="2">工作供给流量</td></tr>
<tr><td>小组贡献</td><td>个人贡献</td></tr>
<tr><td rowspan="2">工作需求流量</td><td>外部劳动力市场</td><td>堡垒型
1.开发
·注重避免技术老化
·无系统开发
2.主要战略特点
·生存
·争取资源
3.适用行业
·自然资源</td><td>橄榄球队型
1.开发
·应用工作经验
·无与管理继承人规划相关的开发活动
2.主要战略犄点
·革新
·创造力
3.适用行业
·广告、咨询公司、生化研究</td></tr>
<tr><td>内部劳动力市场</td><td>俱乐部型
1.开发
·工作轮换
·职业生涯相关的特殊工作安排
2.主要战略特点
·垄断
·高调节性
3.适用行业
·公共事业、疗养院、公共部门</td><td>学会型
1.开发
·评估并提供支持
·利用职能部门内部或部门之间的升职、平行调动和降职
2.主要战略特点
·控制市场
3.适用行业
·消费品公司、医药公司</td></tr>
</table>

（二）人力资源规划

人力资源规划包括确认、分析、预测和规划人力资源领域内的变革以帮助企业适应变化中的经营条件。它是根据人员更新、调动、退休或是晋升来预测企业内部的人力资源变动情况，并能够帮助企业明确某个部门需要具有某种技能的员工。培训可以为员工在现任岗位晋升、平级调动、转岗和降级等人力资源计划中将可能担当更大的责任做好准备。

（三）工会化程度

在西方，工会在培训上的兴趣导致了工会一管理层联合计划的出台，其目的在于帮助员工为新的工作岗位做好准备。如果企业没有工会参与培训和提高生产率的活动，那么这些努力都将付诸东流。工会很可能将此看作是只让员工卖命工作而无权分享收益的一种尝试。工会一管理层联合计划能确保各方(工会、管理层、员工)理解企业发展目标并且愿意为了企业利益,同时也是为了自身的生存且能分享利润而做出的必要变革。

(四)经理人员、员工和人力资源部门人员对培训活动的参与

一个培训项目的开展程度及培训效果取决于培训过程中企业经理人员、员工和人力资源部门的参与程度。如果经理人员不参与培训过程(如确定培训需求,充当培训者),那么员工培训就会脱离经营的需要。经理们如果没有承担保证培训有效性的责任(如在工作上给受训者以反馈),培训在帮助企业实现目标方面发挥的作用就会受到限制,他们可能会觉得培训只是培训部门强加给他们的额外工作,而不是有助于实现经营目标的手段。

如果其他部门经理意识到了开发活动给他们带来的好处,如能缩短填补职位空缺的时间,那么他们就会更愿意参与。同时若让他们看到参加培训能有某种收获,那么他们也会更愿意参加培训。在施乐公司,绩效评价与工资增长直接挂钩。对经理人员的绩效评价包括他们培训和开发妇女、少数民族的活动(如让妇女和少数民族人士担任重要职务,从而向他们提供晋升为高级管理人员的机会)。

员工必须先经过培训再投人工作已经成为一种趋势。一个企业越是坚持持续学习的理念,它越有可能进行开发规划。企业也会支持培训与开发活动(例如报销经费、支持开设培训班、举办研讨会、成立学习小组),而且还会要求员工规划自己的发展方案。培训与开发规划包括认清需要,选择预期效果(如行为的改变、知识的扩充),明确应采取的行动,决定目标实现进度状况的衡量尺度,建立进度日程表。为了能够认清自身的优势、劣势和培训需求,员工要分析自己想要做什么,能够做什么,别人对自己有哪些期望。这些需求可能产生于员工现有能力、兴趣与他们将来想要从事的工作类型之间的差距。

第二节　实施培训与开发的必要性分析

从不同的角度来看,实施培训的必要性是有所不同的。一般我们可以从企业、企业经营管理者和员工这三方面进行理解。

一、从企业角度来说

(一)培训可以提升企业竞争力

在众多的人力资源调查中,"较多的培训机会"越来越成为吸引好员工加入和留住好员工的重要因素,甚至是仅次于薪酬的留才要素。培训可以阻止企业的骨干跳槽去竞争对手那里,培训可以提升企业的竞争力,保证企业在日益激烈的人才争夺战中不至于败下阵来。

(二)培训可以增强企业凝聚力

一位优秀的企业经营管理者,首先必须是一位优秀的培训师。他不仅重视培训,而且善于通过培训言传身教,把企业的发展战略、经营理念、管理模式、价值取向、文化氛围等带给每位员工,培养企业的团队精神,让大家团结在自己企业的旗帜下,凝聚一股强大的力量勇

往直前。只有这样的企业,才会永葆青春活力,具有很好的发展前景。

(三)培训可以提高企业战斗力

如果说任前培训与任职资格硬性挂钩,满足的是员工求职的需要、生存的需要,那么,非强制性的培训则反映了员工自我完善、自我提高的需要。一位优秀的企业员工必定是终身学习的模范,他永远不会满足已有的成就。而突破原有的知识水平、基本技能及思维定式的最佳途径,就是参加培训、不断学习。根据心理学家马斯洛的人的需求理论,员工在基本需求满足之后,更需要不断提高自己的工作能力和综合素质,体现自身价值,获得成就感。要留住员工,特别是留住核心员工的心,光提供优厚的奖金待遇是不够的,要不断地给员工充电、加压,满足其对不断进步的需要,并在工作中体会到挑战的乐趣和自我价值,这是现代企业留人的秘诀。欧美一些知名企业的实践证明,如果企业给员工提供良好的培训,就会减少抱怨,离职率也会降低。一些企业还把培训作为福利奖励给表现好的员工。这样,员工成为学习型员工,企业成为学习型企业,无疑给企业带来了更强的战斗力。

(四)培训是高回报的投资

培训是投资,这一点已成为企业的共识。统计数据表明:对员工培训投资 1 元,可以创造 50 元的回报。对于企业来说,很难获得精确的财务数据来计算每个培训的收益,但企业的收益和培训之间毫无疑问有着明确的逻辑关系:培训在一定程度上投入了资金和资源,但通过培训以后,可以看到的结果是员工的素质得到了提高,企业的形象得到了提升,内部管理的成本减少了,管理的效率提高了,企业的效益得到提升了,这就是培训给企业带来的回报。所以说,培训属于高回报的投资。

据美国培训与发展年会统计:投资培训的企业,其利润的提升比其他企业的平均值高 37%,人均产值比平均值高 57%,股票市值的提升比平均值高 20%。

在过去 50 年间,国外企业的培训费用一直在稳步增加。美国企业每年在培训上的花费约 300 亿美元,约占雇员平均工资收入的 5%。目前,已有 1200 多家美国跨国企业包括麦当劳都开办了管理学院,摩托罗拉则建有自己的大学。这些对中国企业来说,都是一个很好的培训范例。

(五)培训是解决问题的有效措施

对于企业不断出现的各种问题,培训有时是最直接、最快速和最经济的管理解决方案,比自己摸索快,比招聘有相同经验的新进人员更值得信任。

二、从企业经营管理者角度来说

第一,可以减少事故发生。研究发现,企业事故 80%是员工不懂安全知识和违规操作造成的。员工通过培训,学到了安全知识,掌握了操作规程,自然就会减少事故的发生。

第二,可以改善工作质量。员工参加培训,往往能够掌握正确的工作方法,纠正错误和不良的工作习惯,其直接结果必然是促进工作质量的提高。

第三,可以提高员工整体素质。通过培训,员工素质整体水平会不断提高,从而提高劳动生产率。

第四,可以降低损耗。损耗主要来自员工操作不认真和技能不高。通过培训,员工就会认同企业文化，认真工作，同时也提高技术水平，降低损耗。

第五，可以提高研制开发新产品的能力。培训提高员工素质的同时，也培养了他们的创新能力，激励员工不断开发与研制新产品来满足市场需要，从而扩大企业产品的市场占有率。

第六，可以改进管理内容。培训后的员工整体素质得到提高，就会自觉把自己当作企业的主人，主动服从和参与企业的管理。

三、从员工的角度来说

首先，培训能够增强就业能力。现代社会职业的流动性使员工认识到充电的重要性，换岗、换工主要倚赖于自身技能的高低，培训是刚走出校门的企业员工增长自身知识、技能的一条重要途径。因此，很多员工要求企业能够提供足够的培训机会，这也成为一些人择业中考虑的一个方面。

其次，培训能帮助员工拥有获得较高收入的机会。员工的收入与其在工作中表现出来的劳动效率和工作质量直接相关。为了追求更高收入，员工就要提高自己的工作技能，技能越高报酬越高。

再次，培训增强了在职人员的职业的稳定性。从企业来看，企业为了培训员工特别是培训特殊技能的员工，提供了优越的条件。所以在一般情况下，企业不会随便解雇这些员工，为防止他们离去给企业带来的损失，总会千方百计留住他们。从员工来看，他们把参加培训、外出学习、脱产深造、出国进修等当作是企业对自己的一种奖励。员工经过培训，素质、能力得到提高后，在工作中表现得更为突出，就更有可能受到企业的重用或晋升，员工因此也更愿意在原企业服务。

最后，培训可以让自己更具竞争力。未来的职场将是充满了竞争的职场，随着人才机制的创新，每年都有大量的新的人才加入到竞争的队伍中，让您每时每刻都面临着被淘汰的危险。面对竞争，要避免被淘汰的命运，只有不断学习，而培训则是最好、最快的学习方式。总之，培训可以让员工自强，可以让企业的血液不断得到更新，让企业永远保持旺盛的活力，永远具有竞争力，这就是企业进行培训的最大意义。

第三节　培训与开发面临的挑战与发展方向

21 世纪是知识经济时代，中国的企业在面临来自全球激烈的市场竞争挑战的同时，还面临着人才竞争的挑战。随着新技术的不断发展和运用，原有的培训管理理念和体系已不能适应时代的发展。同时企业组织结构日趋扁平化，企业的边界日趋模糊化，培训管理也相应地呈现出新的发展趋势。

一、目前培训面临的挑战

面对激烈的市场竞争给企业带来的全新变化，我们切实地感到与它联系紧密的企业培训出现了较为明显的动荡。目前，企业培训面临的挑战主要来自以下四个方面。

（一）市场竞争的日益激烈要求培训摆脱对企业的依赖性

市场经济条件下的企业培训应及时有效地满足企业参与市场竞争的需要，有力地促进生产经营的扩大和经济效益的提高。市场化的企业需要其投入必须得到实际性回报，不允许只投入不产出的情况。如果谁还依赖政府下"指标"，把培训作为完成"红头文件"规定指标的手段，认为培训是政府行为因而政府应该包办，那么，谁就会陷于被动，就会失去应有的位置，甚至被淘汰。因此，企业培训必须摆脱对企业的依赖性，走自我开拓、自我发展、自强自立之路。

（二）经营环境变化的要求与企业现实培训能力形成较大反差

知识经济的到来，全球化、网络化、信息化，都会极大地促进知识和技术更新速度的加快，必然要求中国企业的培训尽快实现更新和跨越式发展。然而，有些企业的培训与这一要求差距却很大。第一是观念陈旧。许多企业的职工教育还停留在"缺什么补什么、干什么学什么"的初始阶段，还把企业培训确立在"企业需要什么人就培训什么人"的单一目标上。第二是现有培训设施落后，不能很好地满足企业生产经营发展对人才培训的需求。特别是对于高层次人才的培训，无论培训人员自身素质，还是培训手段都达不到应有的要求。培训人员观念陈旧，自我封闭，难以接受新观念；培训设施落后，培训时力不从心，自然就会降低企业培训的效果。

（三）缺乏质量和针对性的培训严重制约着企业的发展

在市场竞争中，特别是加入 WTO 之后的企业，按照国际市场规则运作，因而，对人才素质和技能的要求都会更加强化绩效标准，不允许单纯讲规模，求数量。而现有的企业培训常常是从培训的量上着眼，以培训多少人次、举办多少班次作为评定工作业绩的主要依据。即便是一些名称上似乎与形势发展联系很紧密的培训，如"学习知识经济理论培训"，但实际上并没有很好地与企业实际相结合，缺乏针对性和有效性。这表明，传统的培训意识仍在制约着企业培训的改革，这与国有企业正处于转轨时期、体制和机制尚不完善有关，也与企业培训工作者缺乏战略眼光有关。一方面是很多企业具有高度的培训理念、信息和先进的培训技术，加上灵活的培训机制，因而能以较大优势占领中国的培训市场；另一方面是企业的培训存在着泡沫，两者的矛盾必然促使企业培训的改革创新。企业培训机构只有迅速转变观念，提高自身素质，才能应对各方冲击和挑战，否则，只能被淘汰。

（四）多元培训竞争格局的形成对原有的企业培训产生强烈冲击

社会、民间各种培训实体异军突起，国外的培训机构逐渐进入，这必然打破原有的企业培训垄断状态。在市场经济条件下，新生的社会、民间培训实体和国外的培训机构不断产生，这些培训机构和实体具有良好的物质基础、灵活的办学机制，强烈的服务意识和抗风险能力。而传统企业培训的负担沉重，机制落后，观念保守，因而处于竞争劣势。随着中国企业市场化程度的提高，社会、民间培训实体的发展，国外培训机构将形成全新而科学的多元培训竞争格局，这必然对原有企业培训产生强烈冲击。

二、培训与开发的发展方向

培训是现代企业人力资源管理的重要组成部分，是提高企业人才素质、增强企业核心竞争力的有效手段。与传统的培训相比，现代企业培训具有以下几方面的发展趋势：

（一）培训态度：不是损耗而是投资

培训是人力资本增值最直接有效的途径。一位管理专家曾经说过："员工培训是企业风险最小、收益最大的战略投资。"

在过去50年间，西方组织和企业的培训费用一直在稳定增加。美国企业每年在培训上的花费约300亿美元，约占员工平均工资收入的5%。培训费用的巨额增长说明外资企业管理思想的变化。大通曼哈顿银行就规定："凡无正当理由且多次拒绝参加培训者，银行予以解雇。"韦尔奇任GE总裁以后，对几乎所有的部门都削减成本，却对它的培训中心——克罗顿投资4 500万美元用以改善教学设备。

（二）培训层次：向深层次发展

许多企业已将企业员工的培训向各个领域渗透，其内涵已远远超过培训本身。比如，一些企业除了对员工知识和技能的培训，还通过一定的形式向培训企业文化、团队精神、劳资关系等方向发展，使企业行为进入更深层次的领域，这是一个具有重要战略意义的发展趋势。

（三）培训工具：重视科技含量

利用高科技来丰富培训手段和提高培训质量，是近年来国际上兴起的企业培训的潮流。特别是电脑多媒体技术被广泛地运用于企业培训工作中。如运用光盘进行人机对话、自我辅导培训、利用互联网终端技术进行规模巨大的远距离培训等，都使培训和教育方式产生质的变化。这种技术创新，使员工获得新知识和新技术的速度大大加快，使企业可以迅速适应市场的快速变化。

（四）培训方式：注重实践演练

发达国家的企业内部培训早已突破了把学员封闭在教室里听课和讨论的单一学习模式，培训形式灵活多样，注重把课堂学习与实际商务活动结合起来，使之具有较强的实践性。

例如，美国赛格纳保险公司举办了一种称之为"行动学习"（Action Learning）的培训。每期培训班以公司面临的一项挑战性商务难题为主题，集中本公司的十几位部门经理组成一个行动团体进行为期1个月的攻关训练。在这1个月中，学员们先花1周时间来熟悉所要解决的商务难题，拟订出方案，然后分散到全国各地，走访顾客、竞争者、代理商、经纪人以及设在各地的公司分支机构的员工，以掌握第一手资料。最后，学员们再集中起来，用10天时间来整理调查数据，进行合作研究，在这一基础上形成一个解决难题的总体方案。在整个行动学习过程中，教授和专家只充当指导教师的角色，给学员传授调查研究问题的方法和技能，如市场调查方法、处理数据方法和综合分析方法等。

（五）培训模式：大量新的培训模式不断涌现

由于新技术的高度发展与运用，加上现代企业组织结构上的变化，大量新的培训模式也应运而生。

1. 企业联合培训将成为实现人才和知识共享的一种重要途径

全球经济一体化，企业组织结构的虚拟化以及各种资源的匮乏，改变了企业经营者的经营理念，让大家产生了“共赢”的经营意识。为了更好地在激烈的市场竞争中生存，资源、信息乃至于决定企业成败的另一重要因素——人力资源也通过发达的交通技术和先进的信息技术达到了共享。企业间的联合培训也成了实现这一共享的重要途径。

这种培训可利用多种途径来实施，例如，关系密切的厂家互派员工进行实地考察、学习，或者互派专家进行实地技术指导完成，又如企业间共同聘请资深的培训师进行统一培训。其优点在于能节约支出成本，并可相互利用优势，取长补短，形成资源上的互补。

2. 虚拟培训组织（VTO）成为企业培训部门发展的另一种趋势

虚拟培训组织运作有三个原则：第一，员工（而不是公司）对学习负主要责任；第二，最有效的学习是在工作当中进行的，而不是在课堂上；第三，在提高培训成果转换绩效的过程中，经理和员工的关系至关重要。经理的职责主要在于让员工承担在工作中应用培训成果的责任，并排除他们在工作中运用所学技能的障碍。

在该模式中，管理人员、业务部门和员工都被视为内部顾客，培训部门的工作则正是以内部顾客为中心，侧重于学习和评估培训的有效性，再根据顾客的需求来提供培训。与指导设计的培训者和管理者运营的传统从事某一特定职能的培训组织相比，VTO 中培训者的人数由不同产品和服务的需求变化决定。培训者不仅要具有专业能力，而且要能作为内部咨询专家提供更完善的服务，以进一步突出培训在应付竞争性挑战过程中的战略地位。所以许多公司不论规模大小，都纷纷以 VTO 的模式来组建培训职能部门，如科宁、苹果和 MCI 都组建了 VTO，以使自己能对客户的需要迅速做出反应并提供高质量的服务。

3. 企业办学培养人才成为一种潮流

企业办学的途径有两种：一种是企业自身成立专门的培训大学，自行设计课程，安排培训时间；另一种是与独立大学和学校进行联合办学。摩托罗拉公司的成功可以说很大程度上归功于它的员工培训模式——企业办学。20 世纪 70 年代末的电子和通信产业市场竞争异常激烈，摩托罗拉公司为了让员工有更多的专业知识和技能以赢得竞争优势，于 1989 年成立了摩托罗拉大学。课程设计是根据职能而定，且每类课程都包括三大技能：人际关系技能、技术技能和经营技能。摩托罗拉大学负责教授人际关系技能，而技术技能和经营技能则通过与社区大学和技校一起开发而获得。例如与美国西北大学联合开发了一门供西北大学 MBA 二年级学生使用的质量课程，这样不但可以扩大参与其培训活动的客户基础，而且可根据其自身经营流程和需要适时地对员工进行培训或培训计划的调整。同时，还可从联合办学的学校中发掘出有潜力的优秀人才。

4. 专业培训咨询机构的出现使事务性工作外包成为可能

一般来说，企业人力资源部门在整个培训工作中应充当规划者，而根据不同层次的管理者在不同职能上的时间分配来看，高层管理人员 64%的时间应进行计划和组织，即处理战略规划和决策；而用在领导职能上的时间，譬如处理事务性问题，应只占工作时间的 22%。但据相关调查发现，现在国内许多企业的高层管理人员，尤其是培训管理人员，他们 80%的工作时间都用来处理大量琐碎的事务性工作，处境十分尴尬。

这一现象在国外已通过专业管理培训咨询公司得到了很好的解决，例如英国伟信顾问公司、美国最大培训咨询机构 Alamo 公司等都是世界知名的咨询机构。中国市场也不乏此类的专业咨询公司，甚至于国外一些成熟的培训咨询机构也加快步伐进入了中国这个具有最大潜力的市场，由于中国相关法律的不完善，使得众多公司不敢将整块的培训事宜外包。但随着市场机制的不断完善，相关法律法规的逐渐健全，专业培训与管理咨询市场的规范，企业事务性工作的外包仍将成为培训市场的一种趋势。

课后讨论

1. 从企业角度谈，培训与发展的必要性。
2. 培训未来发展趋势主要受哪些宏观环境因素影响？

第二章　培训发展趋势分析

重点问题

- 培训存在的问题
- 培训的发展趋势

关键术语

- 培训理念
- 培训模式
- 培训投资
- 培训效益

第一节 培训的发展历程

培训行业从20世纪90年代初开始进入中国,从最初的启蒙阶段发展为现在的行业化、产业化状态。

20世纪90年代初,外资企业进入中国的同时,也带入了培训。

1995年左右,保险公司、传销公司的蓬勃发展带动了培训的成长。

1997—1998年,成功学的流行,催生了一批自由讲师和培训公司。

1999—2000年,民营企业、外资企业的迅速发展,形成培训需求市场,各培训力量开始试探性介入。

2001—2003年,市场竞争向人力资本层次升级,培训需求爆炸性成长,引起官方、产业、学习以及各方面媒体的关注。

2003年至今,培训对于企业的重要性日益被企业认知,出现各式各样的培训班和培训形式,呈多元化发展。人员培训与开发,从最初的不需要,不被信任,盲目信任上升到理性思考,人们开始重视培训前的需求分析,培训中的监督指导以及培训后的效果评价。

随着我国培训规模日益增大,培训水平不断提高,培训行业也逐步壮大。其主要表现在,培训基础理论体系逐渐形成,培训技术体系日趋完善,培训者队伍专业化。

一、培训基础理论体系逐渐形成

培训管理是一项复杂的系统工程,需要多学科理论的指导。其理论体系也必然呈现出综合性的特点。改革开放30多年来,大量的培训实践促进了培训理论体系的形成与发展。从总体上说,我国现在的培训理论,是在教育学、心理学、经济学和管理学等学科相关内容综合应用的基础上衍生和发展起来的。培训理论的形成对我国企业的培训工作起着非常重要的指导和推进作用。

二、培训技术体系日趋完善

理论没有技术的支持,就不能应用,也就不能转化为生产力。20世纪80年代以来,我国的培训工作经历了几个阶段的发展,即全面恢复——建立正规培训制度——广泛开展培训活动——培训活动社会化。同时,在汲取国外理论和经验的基础上,我国的培训实践活动不断增加,水平不断提高。整个培训过程中,从需求分析、计划制订、课程设计、培训实施、评估和反馈等方面,逐渐形成了一套适合我国国情和企业需要的培训运作技术系统。在理论与技术的指导和支持下,中国的培训事业逐渐成为一种科学化、专业化的朝阳产业。

三、培训者队伍专业化

随着我国人才培训的规模不断扩大,培训管理的理论与技术系统的逐步完善,培训管理逐渐成为一类专业化的力量，专业人员队伍也逐渐形成。目前，对于培训专业人员的称谓有多种，如培训经理、培训主管、培训工程师、培训师等。有关专家认为，对独立完成培训任务，负责培训方案设计、人员企业和活动实施的专门人员，给予“培训师”职称。培训师又分为三级：高级培训师、培训师、助理培训师。

第二节　培训存在的问题

一、企业尚未树立正确的培训观

许多企业对于培训在思想观念上认识不清，或者说认识不到位。首先，企业认为员工培训是一桩花钱买卖，是企业生产的一种成本，作为成本，当然能节约就节约，能省则省。其次，传统生产技术给企业管理者造成错觉。再次，员工培训主体应该是员工自身，导致这种认识的原因是如果员工想要生存和发展，员工必须自身努力学习，否则一旦不适合岗位需要，就会自然被企业淘汰，忽视企业组织对员工培训的作用，并且多数企业并未意识到培训文化对企业的重要性。培训工作的计划性不强；把培训工作看成是培训者的职责；对员工当前的能力和素质是否符合企业的发展关心不够等。企业文化是一个多层面的渐进过程，不同的行业和经营模式，培训文化会有所不同。只有符合组织自身发展特点的培训文化，才是企业发展需要的。

二、培训的目的性不强，缺乏整体规划

企业培训既是企业发展对员工技能提出的要求，也是员工为适应岗位而对自身知识、技能的提高需要。我国企业在培训之前缺少需求分析，培训目的不明确。许多企业在年初制订培训计划时，不是深入基层进行培训需求调研，而是根据企业现有岗位编制培训计划，因而不知道企业哪些部门、哪些岗位、哪些员工出现了工作能力不能满足实际需要的情况。培训计划既缺乏整体性，也缺乏系统性。从培训对象上看，不分决策层、一般管理层和生产作业层，也不分管理人员、技术人员、生产人员，一个专题全员参加；从培训内容上看，没有针对企业和员工的个性需求进行专门设计，员工所学的东西不能马上运用于工作，或者仅能部分而非系统地实施，这降低了企业和员工对培训的期望值。另外，有些培训是上级部门摊派的任务，与企业需求相距甚远，没有任何积极效果。

三、培训的形式单一、内容滞后

我国企业培训目前仍以讲课为主，老师讲，学生听；重知识传授，轻技能训练。课堂单向教学方式，难以达到教学互动、学生主动参与，且部分培训手段陈旧落后，难以达到培训的目的。信息技术引入生产领域，从而使企业生产方式大大改观。以设计为例，现在设计是利用计算机来帮助设计人员进行设计，只要设计人员通过输入设备把设计要求以及设计方案输

入计算机，进行相应的计算机处理，就可以得到满意方案。这种设计方式已大大减轻人们脑力劳动和体力消耗。因此，员工培训要以自动化、信息化技术为重点，使员工掌握这方面的知识和技能。

四、培训效果缺乏考核

首先，企业常把培训当作一次任务，一旦培训课程结束，培训任务也就完成了，不对员工的培训效果进行考核，不重视培训结果。其次，没有投入产出核算，这既影响到对培训效果的经济效益考核，难以对以后的培训起到借鉴作用，也影响到企业整体的成本核算和效益分析。最后，缺乏激励机制，企业对员工培训参加培训的好坏没有奖惩，致使员工参加培训的积极性不高，培训效果不理想。

五、培训不注重道德素质培养

人力资源是能够投入和即将投入经济与社会发展活动中的人的能力的结合，包括数量和质量两个方面。从质量方面看，人力资源包括人的体力、智力和品德等方面的能力与素质。人力资源作为一个综合的能力素质结构，伦理道德是人力资源的基本构成要素，同时还对人力资源的其他构成素质的开发具有重要的功能。

六、社会和企业尚未形成员工参与培训的激励机制

我国员工在职培训同我国整体教育形势形成极大反差，一方面是学历教育形势喜人；另一方面则是员工培训冷冷清清。其主要原因是：职工接受在职培训，培训结束后，没有正规学历，接受培训往往又不能与劳动报酬挂钩，即使有培训证书，多是地方粮票，只能局限于培训企业内部有效，一旦离开培训企业，由于缺乏权威的资格证书，别的企业不予承认，也无法与报酬挂钩。员工培训不像学历教育一样得到普遍认可，在预期收益不能更好的保障，甚至有时需要以付出部分工资为代价的情况下，员工接受在职培训的积极性自然不高。加之体制的障碍，技术与个人利益的严重脱节，使员工失去了学技术的积极性。

七、培训缺乏严格的评估机制和监督机制

培训工作的关键是讲求实效，为此必须建立对于培训效果的评估和监督机制。然而，很多企业在培训的时候并没有严格的评估考核，没有注重对于培训效果的有效应用，培训结束后，也没有健全的效果评估系统，只要参加培训就都能通过，学与不学都一样，形同虚设。

八、培训的投资与收益不成比例

“不培训是等死，培训等于找死。”这使得有些管理者在考虑培训的时候陷入两难的境界：“该不该对员工进行培训？该不该收回培训费用呢？”一个没有培训机制的企业，如果只将员工看作是制造利润的机器，它不但难以培养自己需要的人才，更难留住人才。员工培训在很大程度上不是看重当前的利益，而是更看重将来的机会和发展。所以培训必不可少，但是为了降低风险，培训费用要根据企业自身情况采取不同方式的回收，一个成熟

的企业会在培训员工与收回投资间取得最大的平衡。诸如微软公司、通用公司等一些知名企业，在培训中层管理人员或技术人员之前，都会予以书面通知，并从其薪资中扣除相应的培训费用。

九、培训机构鱼龙混杂

我国人力资源市场形成的局面是：市场化与非市场化运作、正规机构与非正规机构、学历教育与能力培养并存。正规培训机构主要是各大院校及政府开班的各种培训机构，它们一般能为市场提供规范化的服务，学院能够在其中学到所需的知识，获得的学历与资质的认证基本相符。但是由于其大部分都沿袭了计划经济的教育体制，在与市场化运作、满足市场需要方面还存在一定的差距，无法真正满足各方对人才的需要。此外，还有大量以企业形式存在的、市场化运作的培训机构。这些机构虽然能够准确抓住市场上的需求信息，但由于政府、行业部门的管理还未跟上，使得这部分市场存在鱼龙混杂、管理混乱的情况，学员在此培训的基本权益也得不到保证。

第三节　培训的新思路

一、培训是一种智力投资

人力资本是一种智力资本，人员培训可以提升劳动者技能水平，增加人力资本存量，提高智力资本要素对企业发展的贡献率。现代企业实践证明，对员工教育投资带来的收益率远远超过了其他形态投资的收益率。国外有关统计资料表明，对员工教育投资 1 美元，可以创造 50 美元的收益，它们的投入产出比为 1∶50。许多国家用于人力资本投资的力度正在加大，发达国家的人力资本的投资占国民生产总值的 6.5％左右，发展中国家平均为 4％，世界平均水平为 5.7％。“投资于培训”已成为大企业大公司投资的重点。

二、培训是一个系统工程

培训是一个由各种要素组成的系统工程，它包括全员培训（对高、中、低全体员工，新、老员工等的培训）、全程培训（职前、职中、职后的培训）、全方位培训（知识、技能、态度培训），包括培训主体、培训客体、培训媒介，包括培训的计划系统、组织系统、教学系统、法规和制度系统、评估系统，包括需求分析、确立目标和标准、实施培训、信息反馈等培训开发过程。

三、培训是一种组织学习过程

学习型组织强调知识、科学、技术对组织的重要性，并倡导组织作为知识创造中心的作用，要求组织内的每一个人都是学习者，要彼此相互学习。建立学习型组织是企业发展的必然要求，企业要获取不断创新的动力，只有通过不断地学习、不断地掌握新知识、新技能，不断地调整自己的思维方式、经营策略，才能获取竞争优势，适应市场环境的变化。组织通过其成员的学习与修炼，通过每个人的参与识别和解决问题，使组织能够进行不断地尝试，改善其能力，提高其效率。人员培训与开发的过程也是一个组织学习的过程。

四、培训并非纯粹支付性活动

如果把人力资源培训与开发看作一种仅仅是费用的支出活动是错误的。培训与开发固然要付出一定的成本，但撇开企业开展培训带来的长期受益不说，培训开发活动本身也是可以直接带来收益的，培训开发具有自行增值性。有很多企业利用培训机会，把企业在生产经营过程中遇到的问题拿出来供参加培训的员工进行讨论研究，相互启发，最终找到解决问题的办法，既达到了培训的目的，又解决了公司所面临的问题，一举两得。培训与开发本身可以为决策、为企业生产经营带来收益。

第四节　培训的发展趋势

21 世纪是知识经济时代，中国的企业在面临来自全球激烈的市场竞争挑战的同时，还面临着人才竞争的挑战。随着新技术的不断发展和运用，原有的培训管理理念和体系已不能适应时代的发展，同时企业组织结构日趋扁平化，企业的边界日趋模糊化，培训管理业相应呈现出新的发展趋势。

一、新理念、新技术与新理论的出现使培训效率更高

传统观念认为，培训是一种成本费用，能省就省，并过于形式化。在大工业生产方式下，企业的培训几乎就是单纯的岗前技能培训，并且培训方式简单。

现代的理念则把培训看成一种投资，企业越来越意识到，培训会给企业带来更多的无形资产，使培训成为有投入、有收益的一个持续的经济活动过程。新的培训理念把员工的素质也视为培训内容的一个重要方面，“软培训（比如企业文化、员工道德素质培训等）”所占的比重日益增大，培训不再纯粹是针对技术人员，而更多的是针对中、高层管理人员，并且新理念指导下的培训无论是在内容的安排或过程的实施，还是在方式的选用设计方面都充分体现了与实际相联系这一特征。

科学技术的发展给培训提供了更多的方法和途径，尤其是信息技术的应用，新的培训方式有软件培训、光盘培训、虚拟现实培训、网络培训、互动视频培训等，并且受训者在时间、地点、进度、途径、培训内容等方面的自我控制大大提高，使得个性化培训成为可能。

二、随着科技的发展和现代企业组织结构的变化，大量新的培训模式应运而生

（一）企业联合培训将成为实现人才和知识共享的一个重要途径

兄弟企业可以互派员工去实地考察、学习，或者互派专家进行实地技术指导，也可以通过企业间共同聘请资深的培训师进行统一的培训来实现。其优点在于节约支出成本，并取长补短、资源互补。

（二）企业办学培养人才成为一种潮流

企业办学途径有两种：一种是企业自身成立专门的培训大学，自行设计课程，安排培训时间；另一种是与独立大学和学校进行联合办学。世界上最大的无线通信设备供应商摩托罗拉公司的成功可以说很大程度上归功于它的员工培训模式——企业办学。

（三）虚拟培训组织（VTO）成为企业培训部门发展的另一种趋势

在这种模式下，管理人员、业务部门和员工都被视为内部顾客，培训部门的工作室以内部顾客为中心，侧重于学习和评估培训的有效性，再根据顾客的需求来提供培训。如苹果公司等正组建 VTO 使自己对客户需求迅速反应并提供高质量的服务。

（四）专业培训咨询机构的出现使事务性工作外包成为可能

高层管理人员 64%的时间应进行计划和组织，即处理战略规划和决策；而用在领导职能上的时间，譬如处理事务性问题，应只占工作时间的 22%。但据相关调查发现，现在国内许多企业的高层管理人员，尤其是培训管理人员，他们 80%的工作时间都是用来处理大量琐碎的事务性工作，处境十分尴尬。这使得事务性外包成为可能，这一现象在国外通过专业的咨询公司得到很好的解决，但在中国相关法律不够完善，使得众多公司不敢将整块培训业务外包。但随着市场机制的不断完善，相关法律法规的逐渐健全，专业培训与管理咨询市场的规范，企业事务性工作的外包仍将成为培训市场的一种趋势。

三、培训将出现终身化学习的趋势

在知识经济时代，一个人终身从事一种职业几乎是不可想象的，并且随着科技的发展，知识更新换代的脚步也日益加速，人只有不停的吸取新的知识和技能，充实自己，才能在激烈的竞争中站稳脚跟。在发达国家，面对日新月异的技术变革和知识更新，已经开始将终身教育的思想付诸实践。

所谓终身教育，就是不断地对劳动者进行继续教育和在职培训。在知识经济转化的过程中，教育培训将从“要我学”的被动方式转化到“我要学”的主动方式，尤其在知识型员工占主导地位的时代，多数员工渴望学习，并且相对于高薪而言，他们更愿意到能给自己更多学习与培训机会的企业去，以提高自身素质，提高竞争能力。现在在职员工买书自学，参加夜校充电或者在工作之余学习第二外语等已经成为一种趋势。

四、培训的地位与职能发生变化，培训的任务愈加繁重

到 20 世纪 90 年代末，知识型工人已占劳动力的 1/3，并超过产业工人，成为最大的工作

群体。这样，有更多的人转入知识型工人队伍，需要受到更多、更复杂的培训。据《美国新闻与世界报道》预测，在今后的50年里，企业将会在更大程度上投资教育和职业训练。从这一角度看，培训中心的任务会日益加重。

课后讨论

1. 我国企业培训存在的问题是什么？
2. 随着时代的发展，企业培训有哪些新思路、新趋势？

第二部分　培训实务

第三章　岗位职位描述

重点问题

- 掌握岗位说明书的基本概念
- 学习岗位说明书的撰写方法
- 了解岗位职务描述的基本理论
- 掌握岗位职务描述方案撰写工作的基本步骤
- 了解岗位再设置的基本内容

关键术语

- 岗位职务描述
- 岗位说明书
- 岗位职务描述方案
- 岗位规范
- 岗位再设置

第一节　岗位描述概述

一、职位描述基本理论

（一）职位描述定义

职位描述又叫职位界定，对经过职位分析得到的关于某一特定职位的职责和工作内容进行的一种书面记录其成果称为工作说明书（Job Description），日文中工作描述就是给工作画像，是把工作所具有的一些特征用白描的手法写下来。

（二）职位说明书

职位描述与岗位规范的结果是一个规范的职务说明书。它主要包括八项具体内容信息：

职务基本信息、职务目的、管理权限、工作关系、责任范围与影响程度、工作业绩衡量标准、任职的基本要求和高绩效的要求、薪资收入标准与变化的条件与要求等。

这八个方面是企业对职务（岗位）的要求与规范，也是员工需要认真遵守和考核的基本标准。同时，通过梳理和描述定位，我们也能够为以后准确的定位该职务在组织中的相对价值以及职务评估考核和招聘奠定理性的参考。也为组织的目标落实在岗位提供明确的标准与基础。

（三）职位说明书的主要内容

主要包括工作名称、工作职责、任职条件、工作所要求的技能，工作对个性的要求也可以写在工作说明书中。

从大方面来分，包含：岗位职责和任职要求。

岗位职责：反映的是一个岗位所要求的需要去完成的工作内容以及应当承担的责任范围。

任职要求：指的是是完成该职位工作内容所要求的最低任职资格及在此基础上能够具备的理想条件。它由两部分组成：行为能力与素质要求。行为能力包括知识、技能和经验等；素质要求则是指任职人员的个性、兴趣偏好、价值观、人生观等。

工作说明书描述的对象是工作本身，而与从事这项工作的人无关。

（四）形成职位说明书的作用

（1）为招聘、录用员工提供依据。

（2）对员工进行目标管理。

（3）是绩效考核的基本依据。

（4）为企业制订薪酬政策提供依据。

（5）员工教育与培训的依据。

（6）为员工晋升与开发提供依据。

二、岗位职务描述的基本理论

（一）关于工作任务特性理论

这一理论研究的基本目的，是试图对工作岗位内容的特性加以鉴别，并确认这些特性是如何组织在一起而形成一个具体的工作岗位的。同时，该理论还试图找出这些任务特性与员工的激励作用、员工工作满意程度、员工工作绩效之间是怎样的关系。

据统计，到目前为止至少有7种不同的任务特性理论，但它们之间有许多重叠之处。如美国心理学家赫兹伯格（Herzbergz）提出的激励—保健理论（又称双因素理论）及对于成就需要的研究，实际上就是一种任务特性理论。在双因素理论中赫兹伯格认为，能够增加员工工作满意度的工作一般为：可提供成就机会、认可及责任的工作。另外，心理学家麦克利兰（Mclelland）在论述任务特性与绩效关系时这样认为，让高成就感的人做那些增强个人责任感、反馈及时、风险适度的工作，绩效最高。

（二）关于必备任务特性理论

20世纪60年代中期，美国心理学家特纳（Turner）和劳伦斯（Lawrence）提出了一套研究方法，用以评价不同种类工作对员工满意度及缺勤情况的影响。他们预测员工将会偏爱做那些复杂而富有挑战性的工作，也就是说，这种工作能够增强员工的满意度并降低缺勤率。

在研究过程中，特纳和劳伦斯用6种任务特性来界定一个工作岗位的复杂性程度：这一岗位工作内容的变化性；这一岗位工作内容的自主性；这一岗位工作对于员工责任性的要求程度；胜任这一岗位工作所需要的知识及技能；从事这一岗位工作所需要进行的社会交往；对于社会交往的可选择性。通过这种实证性研究，结果证实了他们对于员工缺勤率的预测。因为，从事高度复杂程度工作员工所具有的良好出勤情况证实了这一点。但是，直到他们将员工的背景情况也考虑在内时，他们才找出了任务复杂性和员工满意度之间的一般关系。实际结果表明，当考虑到员工城乡之间背景差异时，来自城市的员工更倾向于对复杂程度较低的任务满意，而来自农村的员工恰恰相反。据此，特纳和劳伦斯得出如下结论：生活在城市的员工，工作以外的兴趣较为广泛，因此工作对于它们的内在激励较低；而生活在乡村的员工则相反，他们工作之外的兴趣比较少，更乐于做复杂的工作。

特纳和劳伦斯通过实证性研究所创立的必备任务特性理论.在岗位描述及工作分析中具有举足轻重的作用。其原因是：第一，他们系统论述了员工对于不同内容的工作任务的不同反应；第二，它们提出了用以分析工作情况和评价工作的一套基本任务特性；第三，他们将注意力集中到考查员工个体差异如何影响员工对工作的反映上。

（三）关于工作特性模型

在特纳和劳伦斯必备任务特性理论的基础上，心理学家奥德海姆（Oldham）和哈克曼（Hackman）创立了工作特质模型，这是目前在岗位描述和员工绩效测评中应用较为普遍的一种理论。

根据工作特质模型（Job Characteristics Model），任何工作都可以用以下5个核心任务维度来描述，其定义分别如下。

（1）技能多样性：表示工作岗位对不同类型活动的需求程度，以及由此决定的对于员工所应具备技艺和才干的要求多样性程度。

(2)任务同一性:岗位对于完成一整套条块分明工作任务的需求程度。

(3)任务重要性:指某一岗位对于他人生活或工作的影响程度。

(4)工作自主性:指员工在安排工作内容、确定工作程序时,有多大的自由度、独立性及判断力。

(5)工作反馈:指员工在完成工作任务的过程中,在多大程度上可以获得有关自己工作消极的直接而明确的信息。

表 3.1　工作特性分数倾向表

倾向性 特性维度	高分数倾向	低分数倾向
技能多样性	工作内容及要求掌握技能的种类	
	内容多,要求技能种类多	内容及要求技能单一
任务同一性	工作程序的复杂及完整性	
	程序较复杂、完整	只是某一程序中的一个环节
任务重要性	工作对他人正常工作、生活的影响程度	
	有重要影响	几乎没有影响
工作自主性	个人对于工作各环节自主支配的程度	
	能够自主支配	不能自主支配
工作反馈	检验或了解工作结果的方式	
	直接自我检验、了解	通过他人检验、了解

从表 3.1 中我们可以看到每一个特性维度的高分数倾向在工作中的具体表现。同时,还可以通过以下(图 3.1)具体模型,了解工作特性模型各因素间的内在关系。

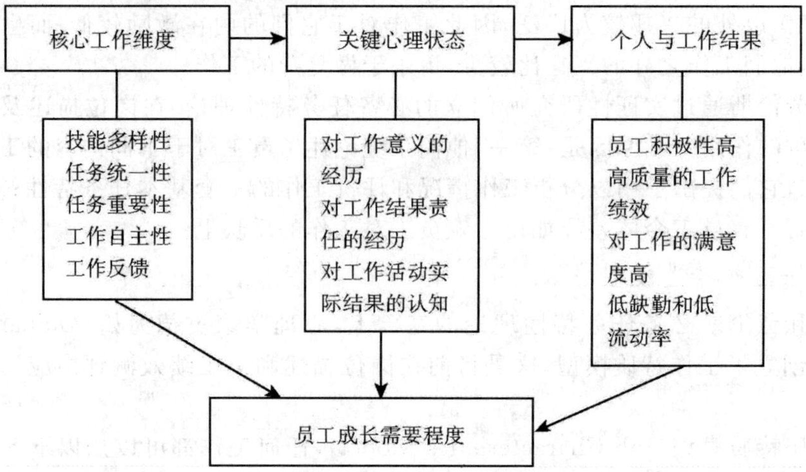

图 3.1　工作特性模型各信息间的内在关系

三、岗位职务描述的撰写

(一)撰写岗位职务描述的基本要求

1. 确定撰写职位描述时的语言基调

(1)为了做到清晰、直白、简洁易懂，撰写岗位职责时必须字句斟酌，多一字工作变性，少一项工作落空。尽可能地运用朴实无华、简洁通俗的语言来进行描述。

例如：准备营销计划、提供优化策略等。

(2)为了做到准确、真实、权责分明，撰写岗位职责必须客观理性、平白直说，用表示主动行为的动词给出应该做什么的积极暗示。

比如：计划、准备、实现、处理、提供、完成、联络等；而不能用比喻、夸张等手法，也不能使用修饰、形容等词语。

2. 撰写岗位职责

撰写岗位职责想要做到有的放矢，我们在撰写之前，必须先了解清楚该岗位负责的全部事项。因不同企业中相同职位的岗位职责会有所区别，您可通过列举所招聘职位需要完成占用任职人员工作时间的5%以上的任何一项职责或责任清单来初步确定。然后根据列出的工作内容清单来撰写岗位职责。

分析清单进行统一归类，并据此明确列举出必须执行的任务，将基础性的工作活动根据内容用简练的语言进行归纳分类，转换成实际责任，再用概括性的语言简洁表明任职人员被期望达到的结果以及为结果所负责任，即转化为岗位职责。

比如：一家公司需要招聘“英语翻译”，我们首先列举其日常工作任务：

接听总机电话、转接总机电话→接听、转接总机电话。

协助文控室收发传真：收发快递、收发信件、收发书刊→收发传真、快递、信件和报刊。

承办员工考勤工作：承办员工外出登记→承办员工考勤和外出登记。

协助人事办理人员离职手续、协助人事办理入职的相关手续→协助人事办理入职、离职手续。

接待来访客人：根据来访客人预约情况通报相关部门→接待来访客人，并通报相关部门。

协助部门领导组织公司活动：协助部门经理处理行政报表→完成上级交办的其他工作。

转换为岗位职责：

①整理个人仪装以保持企业形象；

②接听、转接总机电话；

③收发传真、快递、信件和报刊；

④接待来访客人，并通报相关部门；

⑤承办员工考勤和外出登记；

⑥协助人事办理入职、离职手续；

⑦完成上级交办的其他工作。

⑧照职位的工作目的，补充完善岗位职责。

3. 撰写任职要求

任职要求是基于完成岗位职责的基础上，所需要具备的行为能力与素质要求。所以，我们在撰写任职要求时需要根据前面该职位的岗位职责来确定。

(1)对每一项岗位职责进行分析，列举出最基本的能满足各项工作职能的资质，诸如教育程度、工作经历、知识和技能，包括所有的工作必需的关键技能和特长。

例如，对一个前台文员来说，主要的岗位职责可以概括为：

①整理个人仪装以保持企业形象→需要具备：良好的外在形象。

②接听、转接总机电话→需要具备：娴熟的多线路电话系统处理能力，专业、礼貌和耐心的电话沟通技巧，较高的工作效率。

③收发传真、快递、信件和报刊→需要具备：熟练使用办公自动化设备，较高的工作效率。

④接待来访客人，并通报相关部门→需要具备：接待客户时的主动热情、亲和力，一整天坐在一张桌子后面的耐心和忍受力，责任心强。

⑤承办员工考勤和外出登记→需要具备：严谨细心。

⑥协助人事办理入职、离职手续→需要具备：态度亲和，谨慎细致。

⑦完成上级交办的其他工作→需要具备：具有团队精神，较强的责任心和执行能力。

(2)结合该职位的工作开展过程及需要的结果，对以上列举出的能力要求及行为特征进行评级归类，明确需要强化的行为能力与素质要求，初步确定任职条件。

还是列举前台文员的例子，根据分析“前台文员”岗位职责得出的任职要求按工作目标进行归类，得出“前台文员”的任职要求：

①年龄 20 岁以上，秘书、中文等相关专业中专以上学历。

②身高 160cm 以上，五官端正，外在形象气质佳。

③1 年以上行政人事、文秘或相关工作经验。

④良好沟通表达能力，待人亲和，热情。

⑤熟练使用办公软件、办公自动化设备。

⑥工作细致认真，谨慎细心，积极主动。

⑦工作效率高，责任心、执行力强，具有团队精神。

(3)结合公司战略发展需求，对照内部人才历史结构，进一步分析、评估和探讨现有人员存在的差距和改进方向，最终确定并添加或改善需要的能力和素质要求。

比如：公司计划扩大国外业务范围，前台文员还需要负责接听外国客户的电话，或直接接待外国客户。则需要增加对前台文员的外语要求，同时学历要求也要提高，则关于上面“前台文员”的例子应做相应添加和改善：

添加：英文口语沟通能力良好。

改善：秘书、中文等相关专业大专以上学历。

(二)撰写职位描述的注意事项

1. 岗位职责应精确简练，不应过于详细、事无巨细

岗位职责不是工作指导书，只需做到清晰、精确、简练地告诉求职者的工作内容是什么和其需具备的能力要求，以及表明企业期望其达到怎样的效果。我们没必要面面俱到，把大事小事一股脑托出，显得繁琐紊乱不说，让求职者产生畏惧心理，打心底抗拒就不好啦。

2. 职位描述应随时保持更新状态

很多工作都会由于各种原因产生变动，如个人的成长、团队的发展，或者新技术的进展等。职位描述应根据公司的战略发展角度去思考和灵活调整，而不是仅仅停留在历史任职员工从事该职位的工作描述。

3. 任职要求要与工作相关，不应追求理想化

有不少企业在撰写任职要求时，会过于追求“最优秀”，给到职位一些过于理想的要求。HR(人力资源)在撰写职位要求是考虑求职者完成该工作所需能力的同时，还要结合求职者的稳定性、可发展性来综合考虑，不应想当然，迷恋于招聘一个什么都能做、都会做“全能”型的人才。

4. 忌华丽的辞藻，忌妙笔生花，更不能虚假做作

(1)撰写岗位职责应去除修饰、形容性的词语，使用经典的动宾结构。求职者是句子中的暗含主语，可以被省略。

例如，前台文员的岗位职责其中一项是：“接待来访客人”。如果写成：“友好诚恳地接待办公室来访客人。”就显得累赘虚假了。

(2)使用动词的现在时态。例如：使用“负责”，而不是使用“将负责”。

(3)必要的时候使用解释性短语“为什么、如何、哪里或多经常”来帮助说明含义使其更清楚。

例如：“每两周一次收集员工时间表来帮助计算薪资。”

(4)省略任何不必要的冠词如“一个”、“那个”等，使描述容易理解。

例如：前台文员的职责被写成：“用一种友好的和一种诚恳的方式来欢迎所有的来这栋大楼的来访客人。”

(5)不能使用含偏见的术语。

比如：使用“他”或者“她”来构造句型，会给求职者带来被排除在外的距离感和不尊重感。

(6)避免使用易引起歧义的字眼。尽量不要用如下词汇：“经常”、“某些”、“复杂的”、“偶尔的”或“几个”。

5. 结果为导向

职位描述既要说明对某职位期望的结果是什么，又要提出对结果的绩效衡量的标准是什么，这样可以大大减少受聘者对工作内容和结果的理解偏差。

第二节　岗位职务描述方案的写作

一、岗位职务描述工作的基本步骤

岗位职务描述是一个全面的、技术性很强的评价过程，这一过程基本可划分为四个阶段：准备阶段、调查阶段、分析阶段、完成阶段。这四个阶段之间既互相联系又互相影响，是一个完整的工作过程。

(一)准备阶段

准备阶段是岗位描述工作的开始，较为周密的准备工作一般包括：了解基本情况、确定调查样本、建立相关联系、设计调查方案、进行人员培训等步骤。具体如下：

(1)了解基本情况。在这一步骤当中需要做好以下工作。首先，需要明确岗位职务描述工作的基本意义、目的，确定调查范围、对象并确定工作方法。在此基础上，要对岗位描述工作的有关情况进行初步了解。包括查阅有关资料、文件，基本明确此项工作的主要任务、职责以及基本工作流程。

(2)确定调查样本。首先要确定此项工作应搜集的信息，然后以此确定调查的对象，并选择合适的样本。

(3)建立相关联系。在确定工作样本之后，要向有关人员进行宣传解释工作，消除其误会，建立友好的合作关系。

(4)设计调查方案。根据工作的任务以及了解到的有关信息，并结合所确定样本的具体情况，设计适合的调查方案。并明确调查的工作方法。

(5)进行人员培训。对参与岗位描述工作的有关人员进行培训，使其掌握此项工作的内容、明确具体的工作步骤与方法。

(二)调查阶段

这一阶段的主要任务是，对整个岗位描述过程、工作环境、工作内容和工作人员等各方面作全面调查和统计。具体工作如下：

(1)编制各种调查提纲和问卷。

(2)综合运用各种调查方法进行实地调查。

(3)根据岗位描述的基本目标，有针对性地收集有关岗位工作特征的信息，以及其他相关的数据。

(4)重点搜集工作人员必须具有的特征性信息。

(5)要求被调查的员工对各种工作特征和人员特征的发生率和重要性做出等级评定。

(三)分析阶段

该阶段是岗位描述过程中最为重要的阶段，也可称之为核心阶段。因为这一阶段工作的好坏，直接影响到岗位职务描述的准确性。该阶段的主要任务是，对各不同岗位的工作特征、人员特征的调查结果进行全面深入分析和总结。具体工作如下：

(1)对已搜集到的各有关信息进行仔细审核，尽可能将无关信息排除在分析工作之外。

(2)以创新精神分析现状，尽可能发现有关工作人员在目标工作中存在的问题。比如，作为一个企业的总经理，什么是其应履行的岗位职责却没能履行，什么不是其岗位职责范围内的工作却常常在做等。通过分析，明确指出现实岗位工作实施过程中存在的问题。

(3)对岗位描述的工作要点进行归纳总结，主要包括关键岗位的职责、任务、岗位间的工作关系、岗位职责范围等。

(4)回顾最初所列的主要任务，针对岗位描述中提出的问题，提出改进建议，重新划分岗位职责范围、工作内容、确保原有岗位中存在的并已被发现的问题都得到解决。

（四）完成阶段

完成阶段是岗位描述工作的最后阶段，其主要任务是根据所收集的信息和调查的结果，综合提出岗位职务描述和岗位规范意见，并据此制订岗位描述的相关技术性文件。

二、岗位规范书的设计方法

岗位规范书的基本功能是用以说明承担某一岗位工作的员工，在教育、工作经验以及岗位所需要的其他有关因素方面的最低要求。因此，企业人力资源主管部门在设计岗位规范时，必须首先了解并掌握从事这一岗位的最基本条件，其中包括最基本的技能和最基本的岗位要求等，而不能将岗位规范设计为本岗位工作的最高要求。

由于岗位规范必须涉及有关工作的实际信息，在设计规范时应考虑从事岗位工作的经验因素、教育因素、个人特质因素，以及岗位责任等。

第一，经验因素。主要指员工从事某一岗位工作所必须具有的经验种类，达到的程度，以及学习岗位技能所必须的经验和技能条件等。

第二，教育因素。主要包括学校教育、专门训练以及其他专门研究等。同时，岗位规范中的教育因素还应考虑员工在工作中学到的某些专门技能和知识。

第三，个人特质因素。此项因素应根据具体岗位而具体确定其实际内容。而其主要的范围包括：个性、智力、体力，以及由此而衍生的领导能力、协调能力、指导能力和工作勤奋性等。

第四，岗位责任。主要是指从事岗位工作时所负的三方面责任，一是在管理、训练和指导方面，对其他员工所负的责任；二是在岗位操作过程中，对其他员工安全所负的责任；三是在岗位操作过程中，对机器设备、生产材料所负的责任。

三、岗位说明书的设计方法

岗位说明书，是根据企业需要而编写的岗位具体要求内容，主要包括以下方面：

（一）一般资料

主要包括职务名称、所属部门、直接上级职位、工资等级、工资水平、所辖人员、定员人数、工作性质等。

（二）工作描述

主要包括以下几项内容：

(1)工作概要。说明工作的性质、任务及责任，一般要求用简练的语言。

(2)工作内容。要求逐项说明工作活动的内容，并说明工作活动各项内容占工作总时间的百分比、各项活动内容的权限及执行依据等。

(3)工作职责。需逐项列出从事本岗位工作的各项具体职责。

(4)工作效果。详细说明本岗位应产生的效果。通常情况下，工作效果应尽可能量化，在某些情况下，不易将结果量化的，也应尽可能使结果的评定具有较强的操作性。

(5)工作关系。对工作关系内容的描述主要包括：从事本岗位工作的监督者和被监督者，本岗位今后的发展方向，可以相互转换的职位，可能升迁到的职位，以及岗位与岗位间的职位发生关系等。

(6)设备与信息应用情况说明。主要指从事本岗位所应用的设备名称、规格，以及从事本岗位所获取、应用有关信息的形式。

(三)任职资格说明

主要包括以下内容：

(1)本岗位所需的最低学历。

(2)从事本岗位和其他相关岗位工作的年限和经验。

(3)本岗位需要培训的时间和科目。

(4)本岗位所需的一般能力。主要包括计划、协调、实施、组织、控制、领导、冲突管理、公共关系、信息处理等。

(四)本岗位的工作条件与环境说明

主要包括以下内容：

(1)从事本岗位工作的场所。指室内、外及其他特殊场所。

(2)岗位工作环境的危险性。说明从事本岗位所存在危险的可能性，对人员伤害的具体部位，发生的频率及发生的原因等。

(3)工作时间特性说明。需说明从事本岗位在工作时间上的要求。如正常工作时间或需经常加班等。

(4)总体工作强度说明。即本岗位是否出现忙闲不均的情况，以及出现的频率或程度。

(5)岗位工作的舒适性。即需要说明本岗位是否需要在高温、高湿、粉尘、噪声等较恶劣的环境下工作。

(五)个性特质要求

主要包括情绪稳定性、性格的内外向特征、责任心、支配性、主动性等心理方面的特征，以及年龄、性别、身体素质等生理方面的要求。

四、岗位职务描述方案的审核

审定岗位职务描述方案，实际上是对岗位职务描述工作的把关、指导。对方案内容的审定，应以开展岗位职务描述工作的基本原则为依据进行，审定包括以下几个方面：

其一，要看所设计的岗位描述方案是否符合实用性原则，即方案的内容能否应用于实际，是否符合本单位当前和发展的实际情况，具有很强的操作性。

其二，要看所设计的方案是否符合个性化原则，即方案内容是否能客观地反映不同岗位、不同层级之间的差异。

其三，要看所设计的方案是否符合专家行为原则，即方案内容所反映的岗位工作的信息是否符合本岗位的工作实际和工作规律，从中即可以看出，这一方案是否由精通本岗位工作情况的专家设计而成。

其四，要看所设计的方案内容在操作过程中，是否具有科学性。

其五，要看所设计的方案是否符合动态管理原则，即通过方案内容能否看出岗位的发展动态和发展趋势。

其六，要看方案文件结构是否合理，可参照岗位说明书、岗位规范书。

第三节　岗位再设置

岗位再设置是在一定客观条件下，对于现行的工作组织结构、工作流程、工作方法、工作技术要求等方面的重新调整、革新。之所以进行岗位再设置，是因为以下两方面的原因：一是企业组织的发展需要；二是现代社会管理对人的重视程度不断提高所带来的要求。

一、实施岗位再设置的现实原因

（一）企业组织发展的需要

组织行为学的有关内容告诉我们，组织的作用在于形成合理的人员结构，使之趋于共同的奋斗目标。因此，岗位再设置是一项组织与人事相结合的工作。首先，岗位再设置应考虑工作任务要求及组织效率要求，并明确当前岗位设置中所存在的问题。同时，岗位再设置还要考虑员工个人在工作过程中的有关需求，使工作更具挑战性和趣味性。通常情况下，从企些组织发展的角度考虑，进行岗位再设置主要基于以下原因：

（1）原有的岗位设置和工作规范已不能适应组织目标、任务和体制发展的要求。例如：某一企业由单一经营发展到多种经营，某岗位由单一承担生产责任而变为生产经营一条龙服务的责任；或者是由于机构精简，以及生产自动化所带来的职位和层次减少。

（2）现有职位在一定时期内还不能满足工作规范的要求。

（3）员工的精神需求与按组织效率原则拟定的工作规范发生冲突，影响员工的工作情绪和工作积极性。

（二）现代社会管理对人的重视程度不断提高所带来的要求

现代社会在管理过程中越来越重视人的因素，在这方面对岗位再设置提出如下要求：

（1）岗位再设置直接影响员工的工作表现，特别是在不同的工作对员工的激励存在着实质性差别的情况下，岗位再设置的作用尤为突出。另外，好的岗位再设置方案可以减少甚至避免辞职、缺勤以及怠工等现象的发生，从而降低劳动成本。

（2）岗位再设置可以提高员工对本职岗位工作的满足感。例如，某一岗位在当初进行工作程序设置的过程中，需要员工多次重复做弯腰拾起生产记录表的动作，致使员工在工作中产生强烈的疲劳感，从而降低了员工的工作满意度，影响了生产效率。企业在对生产活动进行重新分析时，发现了这一问题，对岗位进行了再设置，在新的岗位设置工作环节中，加入了自动输送工作记录表的工作条件，减轻了员工的工作疲劳度，提高了员工的工作满意度。

（3）岗位再设置对员工的身心健康将产生直接影响。这里主要指员工由于从事有害岗位工作所造成的职业病的问题。以前，在进行岗位设置过程中，可能对于职业病没有给予更多的考虑，因此，也就没有相应的岗位操作防范或补救措施，使长期从事本岗位的员工容易患职业病。这就要求对岗位进行重新设置，以减少职业病的发病频率。

应该看到，岗位再设置是经济发展科技进步的必然趋势。因为，随着经济的发展和科技的进步，生产水平的提高，企业组织也将进行相应的调整，减少岗位环节、设置岗位层次等，从而适应经济发展提出的新要求。这样，就势必要求对岗位进行重新设置，使岗位设置的各项规范符合新型组织形式发展的要求。

二、岗位再设置包括四方面的综合因素

岗位再设置的基本因素。这一因素主要包括岗位基本因素，如重新审核岗位说明书中的工作内容、工作职能、工作特点、职责、工作关系、任务等内容。同时还包括：目标因素，主要包括指标、绩效、成果等因素。

环境因素。包括社会环境、经济与科技环境、政治环境、地理环境等。

组织内部因素。主要指组织内部的资产重组、结构重组、人员重组而带来的工作目标的变化。

非正式组织因素。在岗位再设置过程中，必须重视员工的个人需要。当员工的需要发展到一定层次，社会需要、自我价值的实现常常会在组织中通过非正式的团队建设的方式体现出来，这种非正式团队，也就是企业、组织当中普遍存在的非正式组织。因此，在岗位再设置过程中必须考虑非正式组织的因素。

课程实训

实训主题：学习怎样确定具体的培训内容。

实践方法：结合以下案例，学习如何确定具体的培训内容。

案例：某企业准备举办财会人员培训班，为改变以往这类培训班效果较差的问题，使培训更具针对性、时效性，此次在准备阶段增加了对财会人员岗位工作职责、岗位要求现状的调查、分析工作，并由培训师根据调查结果撰写了下面的分析报告。

××公司财务人员岗位设置现状报告

(一)岗位分析基本情况			
分析日期	2005.10.19	预分析	略
分析人	王小明	审核人	周天勇
(二)岗位工作身份			
岗位名称	会计	其他名称	财务工作人员
所属部门	财务部	部门负责人	孙志成

(三)岗位描述

为使本企业财务及经费管理合理有序，设置此岗位。通过此岗位，对企业财务经费试试科学管理，并提供高质量的相关服务。

（四）岗位职责

1. 凡划 √ 的为适合本岗位的首要职责范围

医务岗位（ ）技术岗位（ ）管理岗位（√）

职责岗位（√）专业岗位（√）其他岗位（ ）

2. 本岗位主要职责及其在从事岗位工作时所占的时间比例

职责 1 财务报表及统计分析，所占比例 30%。

职责 2 财务账目日常管理，所占比例 50%。

职责 3 提供财务服务，所占比例 20%。

3. 构成岗位工作成功的职责名称：统计、分析、管理、服务。

4. 请简要说明为正常履行这些职责需要进行的培训；财务会计人员专业培训、相应的电脑操作训练。

（五）岗位责任

该岗位所需要负有的责任及重要性程度

岗位责任	重要性小	重要性大
岗位责任 1. 设备操作	√	√
岗位责任 2. 使用工具	√	
岗位责任 3. 保护设备	√	
岗位责任 4. 保护工具	√	
岗位责任 5. 使用材料	√	
岗位责任 6. 保护材料	√	
岗位责任 7. 人员安全	√	
岗位责任 8. 他人绩效	√	
岗位责任 9. 其他责任	√	

（六）从业人员特点（基本任职资格）

1. 完成该岗位职务所需的体力及基本能力条件。

体力条件	不需要	需要	必要
（1）视力			√
（2）听力		√	
（3）口语		√	
（4）触觉	√		
（5）味觉	√		
（6）嗅觉	√		
（7）手眼协调		√	
（8）整体协调	√		
（9）紧张		√	
（10）高度	√		
（11）健康	√		

体力条件	不需要	需要	必要
(12)主动性	√		
(13)独创性	√		
(14)判断		√	
(15)注意			√
(16)阅读		√	
(17)计算			√
(18)写作		√	
(19)教育水平		√	
(20)外语		√	

2.完成该岗位职务所需的经验:必备的财务工作经验。

(七)岗位工作条件

1.工作时的体力状况:轻微的体力消耗,较强的脑力消耗。因此,需要有一定的身体健康条件和较充沛的精力。

2.相关的特殊心理要求:需要有较强的情绪稳定性。

(八)健康或安全要求

本岗位操作不需要安全方面的专门培训及必要的安全装置。

(九)关于本岗位的工作标准

1.评定本岗位工作效果的标准:账目管理和财务统计报表的质量。

2.顺利完成本岗位工作最具影响力的可变因素:工作人员业务素质的提高,特别是适应现代化会计管理需要的计算机操作技能的提高。

3.本岗位工作的注意事项:工作人员必须具有高度的职业道德意识和认真细致的工作态度。

经过岗位分析,培训中心确定了此次培训的核心目标是:通过培训使财会人员掌握会计电算化的常识和基本使用方法。具体内容确定为:会计电算化软件的操作程序,以及与之相关的计算机办公自动化软件的操作培训。由于会计电算化软件的使用培训约需要1天时间,而办公自动化软件(Word、Excel、Powerpoint 等)的操作培训需3～4天即可基本掌握,故培训时间定为5天时间。同时,根据这些培训内容确定了培训的基本方式为教师演示、学员上机实习、教师辅导相结合的方式,并要求培训场地为多媒体教室。

第四章　培训需求分析

重点问题

- 培训需求分析的作用
- 培训需求分析模式的三个层面
- 培训需求分析的方法及选择
- 培训需求分析的成果

关键术语

- 培训需求分析
- 组织分析
- 工作分析
- 人员分析
- 培训需求分析方法
- 培训计划

第一节　培训需求分析概述

一、培训需求分析的含义

培训需求分析或需求评估，是指在规划与设计培训之前，由有关人员采取各种方法和技术，对各种组织及其成员的目标、知识、技能等方面各个系统的鉴别与分析，以确定是否需要培训及培训内容的一种活动或过程。

培训需求分析需要对不同的培训主题进行分析，分析对象包括组织高层管理者、人力资源部门、各级管理人员、其他人员等。只有调动各方面人员的积极性，使他们参与需求分析，发挥各自优势，才能保证需求分析的真实性、全面性和有效性。同时，培训需求分析就是要通过对组织及其成员的目标、技能、知识、态度等的分析，来确定员工现有状况与应有状况的差距，以及预测组织与成员未来任务的需求。

培训需求分析是整个培训系统设计的首要环节，是现代培训的出发点和归宿点。ISD (Instructional Systems Design)模型——培训系统设计模型是重要的现代培训分析工具。从这一模型中可以看出，培训课程设计和开发、培训实施以及培训的评价都是以培训需求分析为基本依据的(图 4.1)。

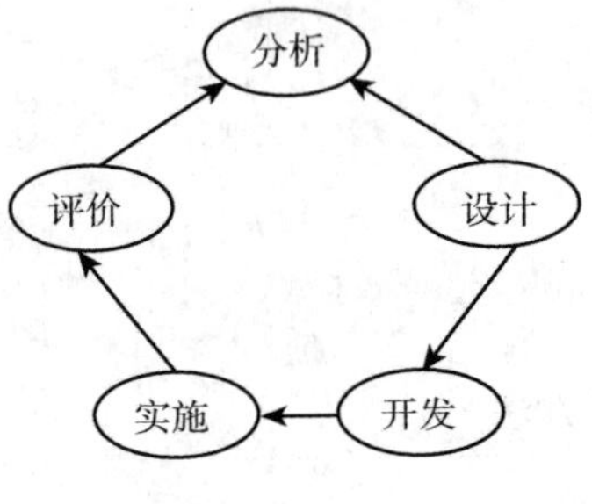

图 4.1　ISD 实施过程

(一)分析

需求分析是培训的首要环节。

(二)设计

设计要反映出课程或各个培训活动的主要特点。设计要根据培训需求分析进行，这包括：什么是受训者需要知道和需要去做的；设计的过程、目标、内容、培训的测验等都要以需求分析为依据；培训目标的建立必须要与经营战略相结合。

(三)开发

开发是寻找、选择和创造培训材料和媒介，并在实施前对这些材料进行修改的过程。开发业需要根据需求分析来进行。

(四)实施

实施是把培训设计付诸实践的过程。实施的目的是为了满足学员的要求。

(五)评价

评价是为了确定受训者是否学到了需要掌握的内容、学到了多少、学得好不好、材料的运用以及各种方法的运用是否恰当等问题。也就是说,是否满足了学员的需求。因此,需求分析是培训评价的基础。

二、培训需求分析的内容

(一)企业全体员工基本情况分析

作为企业培训的对象,员工基本情况的分析是培训需求分析的首要内容。

(1)有多少人需要参加学习、培训?

(2)他们各自需要参加什么类型的培训?各种类型学习的人员分布情况、数量?

(3)预备受训对象的职务、工作岗位及工作经历情况如何?

(4)他们的年龄、性别、学历等背景情况如何?

(5)他们在工作中获得过哪些成功或受到过何种挫折及失败?

(6)岗位工作的实际需要与任职者之间能力的差距到底有多大?

(二)学员知识、技能和态度的分析

(1)学员对将要培训的内容的了解和熟悉程度?

(2)学员以前所学的知识、技能有多少能应用与实践?

(3)学员对教师和培训机构的了解程度?

(4)学员对待培训的期望、态度是什么?

(5)还有什么特殊的需要希望通过培训予以满足?

(三)培训环境因素的分析

(1)领导是否支持他们参加培训?

(2)他们对参加培训学习有什么顾虑和具体困难?

(3)培训机构及开设的课程内容能否满足学习者的需求?

(4)培训对企业和个人的发展是否具有积极的意义?

(5)学员所在单位对这次培训有什么期望?能否满足这种期望?

三、培训需求分析的作用

(一)描绘现实与理想的差距

实际上这也是需求分析的基本目标,即可以揭示我们的能力发挥了几分。判断差距可以分三个步骤:

(1)分析理想的知识、技能、能力;

(2)分析现实实践中缺少的知识、技能、能力;

(3)分析理想的与现实的知识、技能、能力之间的差距。

(二)掌握员工的全面信息

在开发任何一项培训前,都应尽可能多地了解将要受到培训员工的情况,掌握可能参加培训的人数,他们的年龄、工作、职业、兴趣等。

(三)确定员工的知识、技能需求

通过需求分析,确定员工的知识和技能需求以及组织希望他们知道什么或能做什么。例如岗前培训的需求分析应确定组织需要新员工知道什么,他们应做哪些调整,面临哪些困难。

(四)了解员工对培训的态度

培训需求分析可以向有关人员强调培训的重要性并灌输某种观念,从而有助于增强培训效果。

(五)提供衡量培训效果的依据

需求评价能为衡量培训效果提供有用的资料。如果需求评价没做好,就无法衡量培训是否取得了成功,也无法判断是否要对培训项目进行改进、这一项目所花的时间和金钱是否值得。

(六)协助建立人力资源开发系统

企业里通常存在的人力资源分类系统作为一个资料基础,在决定关于补偿金、救济金等的政策方面非常重要,但在员工培训及问题解决方面用处很小,假如分类系统不能够帮助员工确定他们缺少什么技能以及如何获得这些技能,员工就不可能在一个较高的工作职位上更好地承担责任。如果这种系统不能包括培训的详细、特殊需要,它对培训部是没有用处的。如果它不能分析由任务所决定的功能,它就不能形成高质量的目标规划。但当培训部同分类系统的设计与资料收集密切结合在一起时,它就会带有更多的开发意味,而这对企业是很重要的。

四、培训需求分析的影响因素

(一)常规性影响因素

常规性影响因素是指在确定培训需求时要考虑的一般性因素,主要包括:

(1)企业发展目标对培训需求的影响。

(2)企业发展战略对培训需求的影响。

(3)企业资源状况对培训需求的影响。

(4)员工职业生涯规划对培训需求的影响。

(5)员工考核对培训需求的影响。

(6)员工行为评估队培训需求的影响。

(7)同类企业发展对培训需求的影响。

(8)社会发展环境对培训需求的影响。

(二)事件性影响因素

事件性影响因素是指在确定培训需求时要考虑的特殊性因素,主要包括:

(1)新员工加入对培训需求的影响。

(2)员工工作效率下降对培训需求的影响。

(3)员工职位调整对培训需求的影响。

(4)顾客抱怨对培训需求的影响。

(5)产品销售量下降对培训需求的影响。

(6)产品生产质量下降对培训需求的影响。

(7)发生生产事故对培训需求的影响。

(8)与企业相关事件发生后员工思想波动对培训需求的影响。

五、培训需求分析的参与者

(一)人力资源管理人员

培训需求分析的整个工作是由人力资源部主持的,同时他们对每个岗位的要求和变化也是最清楚的,并掌握着大量员工技能、水平的资料。

(二)企业高层决策者

高层决策者从企业发展战略考虑培训需求问题,能从宏观上把握培训与其他人力资源活动(如招聘、薪资等),他们可以判断哪类培训、哪些人参加培训与企业经营战略相关。

(三)员工本人

培训的对象就是针对每位员工,本着促进员工职业发展的原则,了解他们的学习需要并制订相应的培训项目计划,将有助于培训得到员工的支持和欢迎,并取得理想的效果。

(四)员工的上级

作为员工的直接管理者,他们对员工的优缺点比较清楚,能帮助人力资源部门明确培训目标和培训内容,并亲自督促执行。

(五)外部培训专家

专家具有丰富的经验和深厚的知识,他们对问题的看法往往颇有见地,因此向专家请教,无疑会得到一些启示。

(六)客户及其他相关人员

“当局者迷,旁观者清”,企业外的人员对企业中存在的问题分析一般会更客观,这对培训需求的分析是有帮助的。

【案例】摩托罗拉的员工培训系统

摩托罗拉公司推崇的“创新再创新”的企业文化,它以“帮助客户获得成功”为目标,追求自身的可持续发展。摩托罗拉大学作为摩托罗拉公司企业变革的推动者、企业文化的宣传者,通过员工培训、质量提高等手段,在营销、供应链、工程等企业运营的各个方面实现持续的发展和突破。基于这样的目标和理念,它成立了武大学院:质量学院(主要课程为六西格玛系列培训、绿带和黑带认证)、领导力和管理学院(主要课程为领导人系列培训项目和各类管理训练,包括高级、中级、初级领导力项目)、营销学院(主要课程为营销战略、营销管理和销售管理训练,包括高级、中级、初级销售经理培训)、供应链学院(主要课程为全方位的供应链开发和管理培训,包括供应链管理、采购、生产管理、仓储和物流)、工程学院(主要课程为工程技术人员的知识及能力的训练及认证)。

摩托罗拉的培训系统主要由培训需求分析、培训设计与采购、培训的实施和培训评估四个部分组成。与此相对应,摩托罗拉大学设置了四个职能部门:客户代表部、课程设计部、培训信息中心及课程运作管理部。基于公司发展的要求,摩托罗拉大学提出要为公司发展和员工成长提供"及时而准确的知识"的学习方案,通过长期实践和探索,公司建立了一套完整、先进的员工培训与培养系统,如图 4.2 所示。

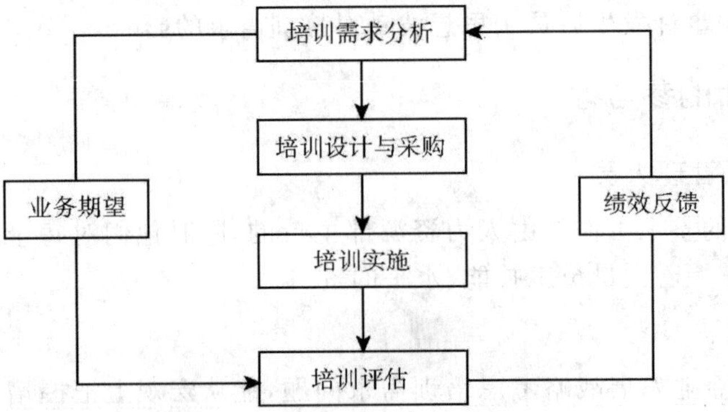

图 4.2　摩托罗拉的员工培训系统(ISD)

负责培训需求分析的是摩托罗拉大学客户代表部,它将组织、工作和人员层面的需求分析融为一体。摩托罗拉的培训工作是以客户为导向的,摩托罗拉大学客户代表部的主要职责是与各事业部的人力资源、组织发展部门紧密合作,分析组织现状与组织目标之间的差距,判断这些差距中哪些是可以通过培训解决的,哪些是不能通过培训解决的,并以此确定组织的培训需求,提供组织发展的咨询和培训方案。之后,将与事业部的各级领导合作,制订学院的培训计划。比如,某事业部明年的战略是要申请通过 ISO9000 质量体系认证,那么客户代表部就将与该事业部的有关部门合作,对该事业部质量体系方面的培训需求做出分析。首先,分析从理想的状态来看通过 ISO9000 质量体系认证的相关人员应该具备哪些方面的知识和经验,对该体系认证的过程应该熟悉到什么程度;然后,对该事业部相关人员的现状进行相关分析,确定他们现有的水平。理想与现实之间的差距就是该事业部当前或认证前急需解决的问题,根据这个"差距",制订出相关的培训方案。

基于这种分析模型,摩托罗拉大学客户代表部还根据事业部的发展目标和任务,分别对其事业部的各部门和员工个人职业发展计划的培训需求作出分析,并依据找出的"差距",分别制订相应的培训方案与培训课程。

当然,经过需求分析以后如何采用适当的教学方法也是摩托罗拉大学整个学习系统的组成部分之一,例如,采用"行动学习法",即结构化的教育结合实际项目和指导使学以致用、快速见效就是该大学的特色。

第二节　培训需求分析的流程

为了确保培训工作的针对性和实用性，进行需求分析时，第一步要准确、客观地收集培训需求信息；第二步是结合企业组织分析、任务分析、人员分析或工作分析、绩效分析的内容和结果，对收集的培训需求信息进行分析；第三步对分析后的培训需求结果进行确认；第四步是在培训过程中对培训需求结果进行调整和修正，如图 4.3 所示。

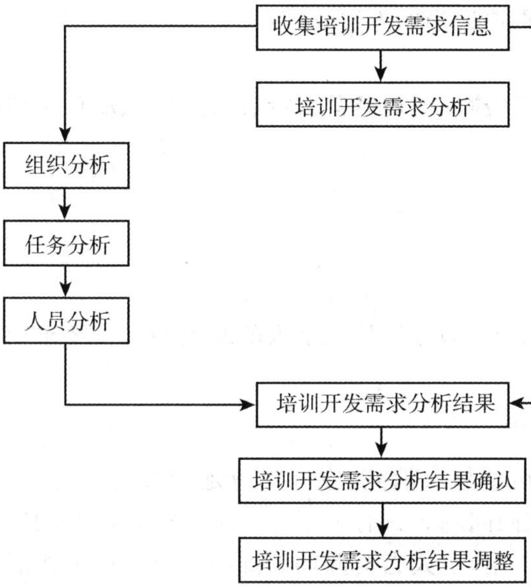

图 4.3　培训需求分析流程

一、发现问题

(一)个人层面

(1)工作效率：效率低下，达不到要求的标准。

(2)员工情绪：员工表现出敌意、懈怠、气馁、旷工、交流困难、服务质量差等问题。

(3)工作胜任度：出现几次表现不佳的情况就能体现个人的“技能差距”。

(4)技术问题：需要学习深入的技术。

(5)员工对复杂情况难以适应。

(6)员工对培训产生兴趣，觉得有助于个人发展。

(二)组织层面

(1)业务变化或新增业务导致需要新技能。

(2)新的标准导致需要新的技能。

(3)人员调整、调换工作导致需要新技能。

(4)根据未来需要进行“技能储蓄”。

二、预先分析

(1)对问题的严重性或培训的必要性做出初步、直观的判断。

(2)判断需要在多大范围内进行培训需求分析。

(3)确定培训需求分析的工作量。

(4)决定分析方法。

三、资料收集

(1)根据工作量、问题范围等选取适当的方法和资料。

(2)确定收集资料的方法。

(3)明确收集资料的范畴(组织资料、公司经营目标、岗位资料、职位说明书、员工个人资料等)。

四、需求分析

(一)绩效落差有多大

培训需求分析就是寻找绩效落差,即分析员工个人的绩效与岗位要求、企业要求之间有多大的差距。

(二)这种落差是可否以通过培训消除

并非所有的落差都可以通过培训加以消除,应分析清楚什么是运营上、机制上、结构上的问题,什么是职位说明书中存在的问题。只有真正属于员工个体自身的原因时,培训才是有必要的。必要的话要做出分析包括,由人力资源培训部门进行综合分析后,写出需求分析报告。

培训需求分析报告的内容包括:培训必要性分析、普遍的培训需求、部门培训需求、短期培训需求、长期培训需求、近期培训需求、未来培训需求。

五、需求确认

培训部门、各部门经理、员工代表和培训顾问等对培训需求分析和需求分报告进行讨论,达成共识,并以正式文件形式进行确认。具体实施可采用培训需求确认会签表(表 4.1)。

表 4.1　培训需求确认会签表

培训部门	个别培训	短期培训	长期培训	目前培训	未来培训
经培训需求调查和分析及培训需求讨论会通过,确定以上为本部门员工培训需求情况。					
部门经理:			员工代表:		培训主管:
地点:			时间:		

第三节 培训需求分析的模式

培训需求分析是一个复杂的系统，涉及人员、工作、组织及其所处的环境。图 4.4 描述了培训需求分析的模式，组织、工作和个人三个层面的培训需求分析构成了此模式的主体部分。

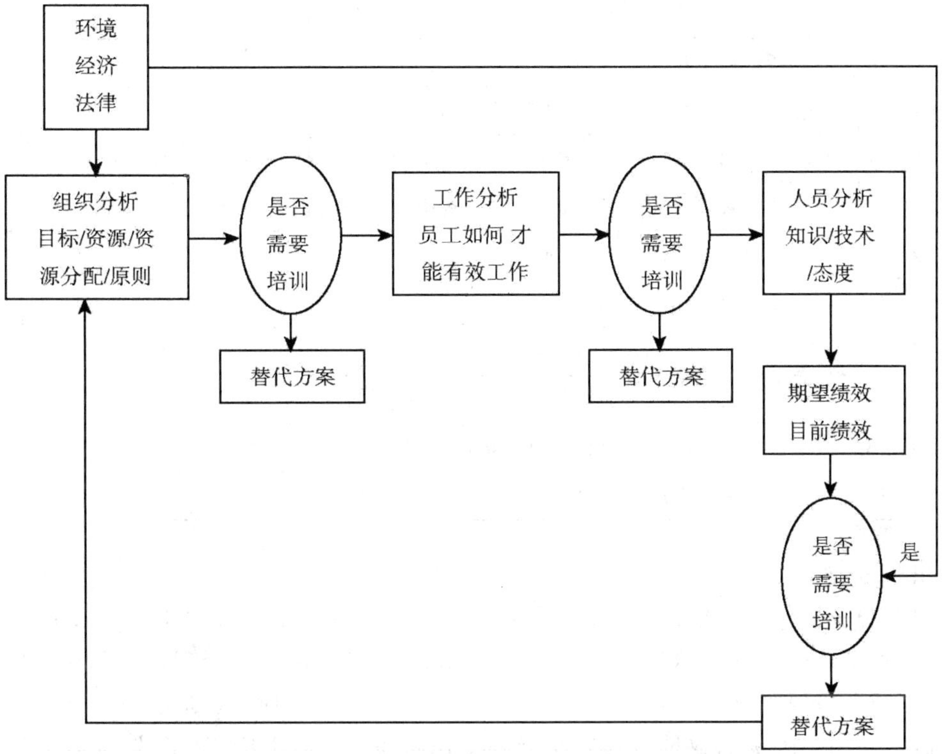

图 4.4 培训需求分析模式

一、组织层面的培训需求分析

组织层面的培训需求分析（组织分析）是指通过对组织经营发展战略的分析，确定相应的培训，为培训提供相应的资源以及管理者和同事对培训活动的支持。组织层面的需求分析通常由组织来完成，目的是更好地认识组织的特征，以确定什么地方需要培训，以及这些工作完成的背景条件。

（一）组织层面需求分析的内容

1. 组织发展战略

企业组织战略是培训目标确立的根本依据，明确组织的战略目标对培训的规划与设计起着决定性的作用。当组织目标不清晰时,培训目标也无从确定。

2. 组织培训环境

培训环境是指能够直接影响培训活动的各种外部因素。组织培训环境的分类如表4.2所示。在适应环境的要求和变化过程中,培训工作者一方面要面对现实,充分利用现有的对培训有利的条件,注意克服不利条件,扬长避短,积极地创造培训条件;另一方面要对环境变化导致组织培训需求变化有足够的敏感性和适应性。比如当组织发生变革、技术更新时,员工培训的需求就会发生变化,培训必须适应这种变化。

表4.2　组织培训环境分类

内部环境	组织制度	人力资源培训规章制度和政策
	组织支持	支持培训工作的人员(领导、中层管理人员、员工等)
	学习气氛	企业的学习环境,包括员工的学习动机、学习能力等
	培训者	承担培训实施的个人或组织(培训部门领导、培训管理人员、培训教师等)
	培训经费	培训所必须投入的各种费用,包括费用来源以及合理使用状况
外部环境	国家政策	国家政治、经济、产业、行业政策
	人才培养	职业教育、高等教育人才培养方面的信息
	高新技术	相关产业、行业的高薪技术发展趋势
	社会咨询	对企业人才培训可能提供咨询服务的社会资源
	培训信息	培训市场情况,包括培训机构、培训课程、师资情况、网络教学等
	竞争对手	竞争对手的发展状况,以及在人才培训方面的信息

3. 组织资源

组织资源分析包括对组织的资金、时间、人力等资源的分析。资金是指组织所能提供的经费,它影响培训的宽度和深度。时间对一个组织而言就是金钱,培训需要相应的时间保证,如果时间紧迫或安排不当,就会影响培训效果。人力则是决定培训是否可行和有效的另一关键因素,包括:人员的数量、年龄、技能和知识水平,人员对工作和企业的态度及工作绩效等。

4. 组织特征

当培训计划和组织的价值不一致时,培训的效果很难保证,因此组织特征对培训的成功与否起着重要作用。如果员工的工作精神、工作态度、对公司的向心力以及对企业文化的理解、接受程度等与组织目标的达成有重要关系时,将产生特定培训需求。组织特征分析主要是对组织的系统结构、文化、信息传播情况的了解。

(1)系统结构特征

系统结构特征是指组织的输入、运作、输出、次级系统互动以及与外界环境间的交流特征。系统结构特征分析即审视组织运行系统能否产生预期效果、组织结构是否需要改变以及有否相应的培训需求等,它能使培训者系统地面对组织,避免组织分析中以偏概全的现象。

(2)文化特征

文化特征是指组织的软硬件设施、规章制度、组织经营运作的方式、组织成员行为和价值观等。文化特征分析能使培训者深入了解组织。

(3)信息传播特征

信息传播特征是指组织部门和成员收集、分析和传递信息的分工运作形式或方式。信息传播分析能使培训者了解组织信息传递及沟通的风格和特性。

5. 管理者和员工对培训活动的支持

培训成功的关键在于管理者和员工对培训活动的参与是否抱有正确的态度,他们是否愿意向受训者提供有关如何在工作中有效利用培训中学到的知识、技能、行为方式的信息,并为受训者提供在实际工作中应用培训所学内容的机会。如果管理者或员工不采取支持的态度或行为,就很难讲培训收获运用到实际工作中。

(二)组织层面培训需求的产生

1. 新员工的加入

企业招聘新员工,都需要进行培训。新员工可能需要特定的技能,即使已经掌握了所需技能,也需要对他们进行指导以满足本公司的工作要求,或者需要培训新的班组长来管理日益增长的员工队伍。

2. 改进工作业绩

改进工作业绩能使企业保持竞争力,改进业绩的需要总是存在,问题是对培训的投入是否会产生足够的回报,可以通过很多方式确定培训是否可以改进工作业绩。

3. 提升和晋级

员工最关心的事情之一是获得升职的机会,新的职责通常需要新的技能,而这需要通过培训来获得。

4. 新市场和新业务

企业开拓新的市场或从事新的业务,需要培训员工了解新的市场或产品,以及如何在新的环境中进行销售,或者培训生产和服务部门的员工如何生产新产品、提供新服务。

5. 新技术、新系统或新程序

技术可以为某一类问题提供解决办法(如减少对客户质疑的反应时间),但同时会引起另一类问题(如强迫员工学习如何使用新技术)。在引进一项新技术时,就要对员工进行培训,以使他们能够最有效地使用这种技术。

6. 解决问题

培训是让员工学会如何解决新问题、迎接新挑战的最佳方式。如果由班组参与解决问题,培训是提高班组工作效率的关键步骤。

二、工作层面的培训需求分析

工作层面的培训需求分析(工作分析)是指通过查阅工作说明书或具体分析完成某一项工作需要哪些技能,了解员工有效完成该项工作必须具备的条件,找出差距,确定培训需求,弥补不足。培训需求的工作分析目的在于了解与绩效有关的工作详细内容、标准和完成该工作应具备的知识、技能。

(一)工作层面需求分析的内容

1. 一般资料

工作名称分析，主要指工作名称标准化，按照有关职位分类、命名的规定或通行的命名方法和习惯确定工作名称。

2. 工作规范

(1)工作任务：明确、规范工作行为，如工作的中心任务、工作内容、工作的独立性和多样化程度，完成工作的方法和步骤、使用的设备和材料等。

(2)工作责任：通过对工作相对重要性的了解，配备相应权限，保证责任和权力对应，尽量用定量的方式确定责任和权力。

(3)工作量：确定标准工作量，如劳动的定额、工作量基准、工作循环周期等。

(4)组织关系：了解工作的协作关系和隶属关系，包括直属上级、直属下级，该项工作制约哪些工作、受哪些工作制约，在哪些工作范围内升迁或调换等。

3. 工作环境

(1)物理环境：温度、湿度、照明度、噪声、异味、震动、粉尘、油渍、空间等，以及工作人员和这些因素接触的时间。

(2)安全环境：工作危险性、劳动安全卫生条件、职业病的患病风险及危害程度。

(3)聘用条件：工作时数、工资结构、福利待遇、支付工资方法、晋升和进修的机会等。

(4)社会环境：工作群体的人数、各部门之间的关系、工作地点内外的文化设施、社会风俗习惯等。

(二)工作层面需求分析的步骤

(1)通过工作分析，撰写详细的工作说明书。

(2)确定工作中包含的具体任务(工作任务、执行标准、实际绩效的变动范围等)。

(3)明确知识、技能、态度及其他素质特征等任职条件。

(4)确认能够通过人力资源培训与开发得到改进的任务、知识、技术、能力。

(5)将上一步骤确认的培训需求按照重要性进行排序。

三、人员层面的培训需求分析

人员层面的培训需求分析(人员分析)是指评估执行特定工作的员工，其执行各项任务的情况，其所具备的知识、技术、能力是否足够。人员分析必须根据工作分析的结果，对照各项工作应有的绩效标准，衡量工作执行者的绩效水平，找出现状与标准的差距，以确定培训对象及其培训内容和培训后应达到的效果。

(一)人员层面需求分析的内容

1. 员工的知识结构

一般从文化教育水平(如正规的学历教育)、职业教育培训(如社会办教育及业余教育等)和专项短期培训(如各类认证培训等)三个方面进行。

2. 员工的专业(专长)

有多少员工在从事和自己专业对口或不对口的工作,有多少员工在从事自己喜欢或不喜欢的工作,有多少员工认为自己有必要换岗位并认为这样会有更大的能力发挥空间。

3. 员工的年龄结构

培训是一种投资,员工年龄越小,企业预期的投资回收期也就相对越长。此外,年龄大小和个人接受能力有直接关系,在培训需求分析时应考虑合理的年龄搭配,并以此决定培训内容。

4. 员工的能力

分析员工实际拥有的能力与完成工作所需的能力之间的差距。例如,一名普通的销售人员晋升为销售经理后,销售业绩不升反降,员工抱怨也有所增加,经过能力分析发现,该员工在团队合作及协调、领导方面的能力欠佳。

5. 员工的个性

某一岗位的工作特点要求任职者相应的个性。比如,财务人员如果具有马虎、易激动等个性特点,在一定程度上不适合要求稳重、细心和耐心的财务工作。

6. 员工的工作学习环境

主要包括工作条件、学习氛围、绩效标准、奖励制度、信息反馈等。比如,如果在设备、资金、时间上不能保证时,员工的绩效水平就不会高;如果周围人员不愿意提供信息反馈和帮助,知识共享就受到阻碍;如果因工作标准不明而影响了绩效水平,则不是培训所能解决的;如果对于工作成果的激励不足,员工就可能不愿意干好,或是去对参加培训提高绩效的兴趣;如果员工知道该做什么,却不知道做得怎样,缺乏工作情况的信息反馈,就会影响员工的业绩和培训效果。

7. 员工对培训的态度

即员工对参加培训的看法,对培训的重视程度和信心,学习的观念、建设性的建议等。

(二)人员层面需求分析解决的问题

(1)培训谁?谁最需要得到培训?(先后顺序)

(2)培训什么?

(3)培训目标、效果?

(4)培训日期和期限?

(5)由谁来实施培训?

(6)培训在哪里进行?

(7)谁为培训承担费用?

上述问题可以通过人员情况调查表等方式了解到,如表 4.3 所示。

表 4.3　人员情况调查表

个人情况

姓　名		性　别		年　龄		专　业	
职　务		现任职年限		工作年限			

受训经历

曾接受过的培训课程	当时就职的公司	日期(年/月)	获得的证书或资格
1)			
2)			
3)			
……			
对上述课程的感受：			

培训调查问卷

您日常工作的主要内容有哪些？(请按重要顺序填写)
您工作中经常遇到的问题是什么？如何处理？结果如何？
对本次培训有何要求、希望及建议？
请提供1～2个您自己经历中成功或失败的例子。

四、培训需求的整合

组织、工作、人员三个层面的培训需求分析是一个有机的系统，缺一不可。这三方面的需求往往并不完全一致，而是呈交叉状态。确立培训需求应取组织整体、工作业务单位及个人三方的共同需求区域，并以此作为培训目标。

在实践中，组织的培训需求与个体的培训需求经常不相同，甚至相互冲突，这就需要对二者进行整合。整合的方法有两种：第一，组织在辨识个体培训需求的正当性、合理性与可行性的基础上加以分类、区别整合，具体实施程序如图 4.5(a)所示。第二，根据组织培训需求与个体培训需求的契合度进行整合，如图 4.5(b)所示。

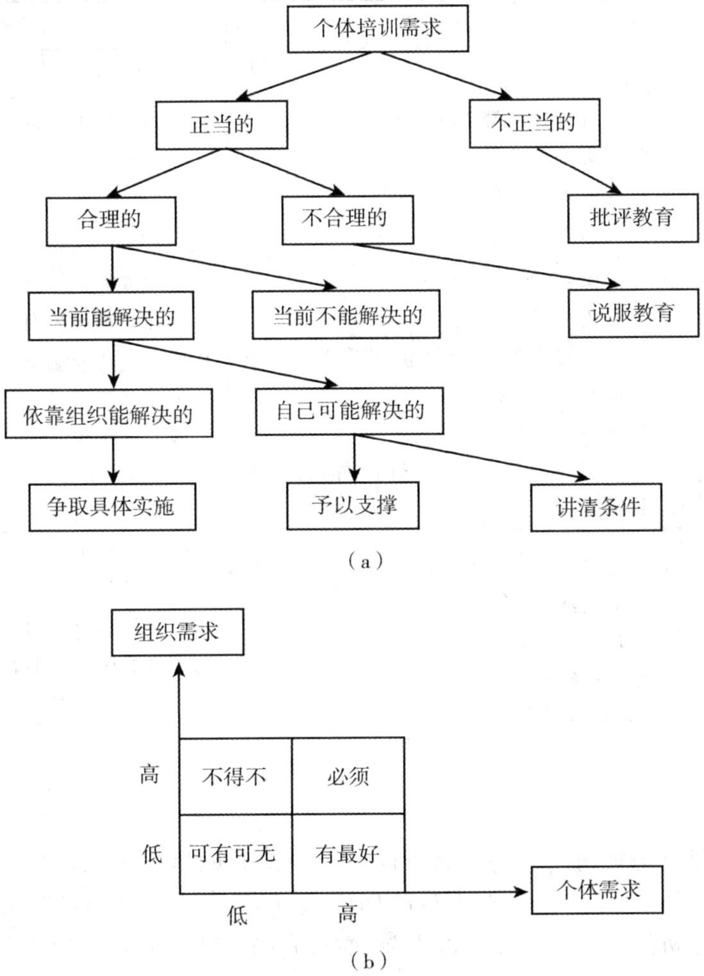

图 4.5　组织培训需求与个体培训需求的整合法

第四节　培训需求分析的方法

培训需求分析包括两个方面：一是收集培训需求信息，二是整理和分析这些信息，以确定培训需求和目标。表 4.4 列出了来自人员、工作和组织三个层面的主要的培训需求信息。

表 4.4　主要的培训需求信息来源

需求来源	组织内部	组织外部
人员		
个人	1. 准备受训的员工 2. 领班 3. 高级管理人员 4. 培训人员	1. 其他组织的培训者 2. 外部顾问
群体	1. 工作群(如人事部等) 2. 专业群(如高级经理等)	1. 职业或行业协会 2. 培训刊物出版商
工作	1. 人事的改变(如新招募、晋升等) 2. 绩效标准的改变 3. 设备的改变 4. 效率指数的改变(如材料损耗、维修品质等)	1. 职业或行业协会 2. 外部顾问 3. 政府的法规
组织	1. 组织任务的改变 2. 组织结构的改变 3. 新产品的开发 4. 组织气氛	1. 政府的有关政府 2. 外部顾问 3. 外界的竞争压力 4. 环境的压力(如政治、经济、人口、科技等)

一、访谈法

访谈法就是通过与被访谈人进行面对面的交谈来获取培训需求信息。应用过程中，可以与企业管理层面谈，以了解组织对人员的期望；也可以与有关部门的负责人面谈，以便从专业和工作角度分析培训需求。在访谈之前，要求先确定到底需要何种信息，然后准备访谈提纲。访谈中提出的问题可以是封闭性的，也可以是开放性的。封闭式的访谈结果比较容易分析，但开放式的访谈常常能发现意外的更能说明问题的事实。访谈可以是结构式的，即以标准的模式向所有被访者提出同样的问题；也可以是非结构式的，即针对不同对象提出不同的开放式问题。一般情况下是把封闭式和开放式两种问题结合起来使用，并以结构式访谈为主，非结构式访谈为辅。

采用访谈法了解培训需求，应注意以下几点：

1. 确定访谈的目标，明确“什么信息是最有价值的、必须了解到的”。

2. 准备完备的访谈提纲。这对于启发、引导被访谈人讨论相关问题、防止访谈中心转移十分重要。

3. 建立融洽的、相互信任的访谈气氛。在访谈中，访谈人员需要首先取得被访谈人的信任，以避免产生敌意或抵制情绪。这对于保证收集到的信息具有正确性与准确性非常重要。

另外，访谈法还可以与下述问卷调查法结合起来使用，通过访谈来补充或核实调查问卷的内容，讨论填写不清楚的地方，探索比较深层次的问题和原因。

二、问卷调查法

问卷调查法是以标准化的问卷形式列出一组问题，要求调查对象就问题进行打分或做是非选择。当需要进行培训需求分析的人较多，并且时间较为紧急时，就可以精心准备一份问卷，以电子邮件、传真或直接发放的方式让对方填写，也可以在进行面谈和电话访谈时由调查人自己填写。在进行问卷调查时，问卷的编写尤为重要。

编写一份好的问卷通常需要遵循以下步骤：

(1)列出希望了解的事项清单。

(2)一份问卷可以由封闭式问题和开放式问题组成，两者应视情况各占一定比例。

(3)对问卷进行编辑，并最终形成文件。

(4)请他人检查问卷，并加以评价。

(5)在小范围内对问卷进行模拟测试，并对结果进行评估。

(6)对问卷进行必要的修改。

(7)实施调查。

问卷调查法的优势主要表现为：

(1)灵活的形式和广泛的应用面。可以以普查或投票的形式面向不同层次的对象征求意见。如可以同时征求管理层和员工对同一个培训的需求意见。专业培训调查可以限定在某一部门，而通用调查可以在全公司范围内进行。

(2)多样的提问方式。如可采用多项选择、填写、简短问答、优先排序等样式。

(3)自主性较强。填写者可以随时随地在有时间的情况下完成，培训部门不必投入大量人力进行控制、解释和管理。

(4)成本较低。相对于面谈和调研等形式可投入较少的时间、人力和资金。

(5)便于总结和报告。由于调查问卷的内容简短明确，容易对收集回来的数据进行统计和汇总。

问卷调查的不足主要表现为：

(1)缺少个性发挥的空间。调查问卷的形式强调的是“面”，因而不能照顾到每一个回答者的特性。

(2)要求科学的问卷内容设计和明确的说明。在准备阶段要耗费一定的精力。

(3)调研深度不够。因问卷的简明性而不适用于探索深层次、较详尽的原因。

(4)返回率可能较低。特别是回答者需要通过邮寄等较麻烦的形式返回问卷，或者当回答者对题目不感兴趣，或者设计说明不清晰，都可能造成较低的返回率。

运用问卷调查法进行培训需求分析，通常有两种形式，一种是针对具体企业的培训需求设计问卷，另一种是采用某些培训专业机构设计的比较通用的指导性需求问卷。表 4.5 是某连锁店店经理培训需求调查的问卷样例。

表 4.5　2012 年连锁店店经理培训需求问卷表

姓名：________　分公司：________　专卖店：________　联系方式：________

为了使 2012 年度的培训课程更加贴近您的需求，培训内容更加切合实际，对您的工作更有帮助，请根据自己目前对培训课程的需求程度做出选择。人力资源部渴望您对我们的培训工作提出宝贵意见及建议。谢谢您的合作与帮助！

课程类别	备选课程	培训需求程度				备注
		高	中	低	不需	
一般管理	管理者角色认知					
	管理的原则					
	团队建设					
	库存控制与管理					
	成本控制					
	非财务人员财务管理					
服务管理	客户满意服务					
	优质服务管理					
	投诉处理技巧					
	顾客类型分析					
自我管理	店经理日常培训组织、准备及授课技巧					
	如何营造良好的团队氛围					
	如何成为上级的左膀右臂					
	如何正确面对抱怨，解决工作中的矛盾					
	如何提高工作效率和降低工作成本					
	如何建立良好的人际关系					
	沟通技巧					
	目标管理					
	时间管理					
店员管理	班会组织与准备					
	如何正面影响他人					
	员工激励、督导艺术					
	员工性格分析与人员管理					

续表

课程类别	备选课程	培训需求程度				备注
		高	中	低	不需	
营销管理	销售人员素质、品格与态度要求					
	销售人员的潜能开发					
	销售心理学					
	销售前的准备					
	销售谈判技巧					
	销售人员的仪表和礼仪技巧					
	价格让步技巧					
	新产品的展示与介绍					
	对销售过程中的异议及突发事件的处理					
	怎样进行电话营销					
	如何与客户建立长久业务关系					
	如何进行市场调研及撰写调研报告					
店铺管理	生动店铺陈列					
	店铺 POP 制作					
办公技能	公文写作					
	网络基础知识与电子邮件的应用					
	电脑办公软件的使用操作					

如果您还需要其他方面的培训课程，请在下面列出：

1		4	
2		5	
3		6	

您认可何种授课方式？

授课方式	认可程度			
	很好	好	一般	差
讲授式				
互动讲授式				
实地演练式				
案例讨论式 拓展训练式				

续表

您更希望培训以何种培训方式进行，请在下面列出：			
1		4	
2		5	
3		6	
其他：对培训时间及培训持续时间的要求说明			

三、观察法

观察法是通过到工作现场，观察员工的工作表现，发现问题，获取培训需求信息。运用观察法的第一步是要明确所需要的信息，然后确定观察范围和对象(具体内容见表4.6)。观察法最大的一个缺陷是，当被观察者意识到自己正在被观察时，他们的一举一动可能与平时不同，这就会使观察结果产生偏差。因此观察时应该尽量隐蔽并进行多次观察，这样有助于提高观察结果的准确性。当然，这样做需要考虑时间上和空间条件上是否允许。

在运用观察法时应该注意以下几点：

(1)观察者必须对要进行观察的员工所进行的工作有深刻的了解，明确其行为标准。否则，无法进行有效观察。

(2)进行现场观察不能干扰被观察者的正常工作，应注意隐蔽。

(3)观察法的适用范围有限，一般适用于易被直接观察和了解的工作，不适用于技术要求较高的复杂性工作。

(4)必要时，可请陌生人进行观察，如请人扮演顾客观察终端销售人员的行为表现是否符合标准或处于何种状态。

表4.6　观察的范围和对象

观察范围或对象	观察项目	观察结果评价				
		很好	好	一般	不好	很差
企业整体状况	企业的整体风貌					
	企业领导风范					
	企业改革创新精神					
	员工风气					
部门工作状况	工作纪律状况					
	工作流程执行情况					
	管理者工作能力、工作方法					
	部门凝聚力					
	工作效率					

续表

观察范围或对象	观察项目	观察结果评价				
		很好	好	一般	不好	很差
员工情况	工作的熟练程度					
	工作积极性、主动性					
	工作情绪					
	团队合作精神					
	工作中的损耗情况					
	安全意识					
	工作完成质量					
	创新能力					
	工作方法					
	时间安排的合理性					
	领导组织能力					
	语言表达能力					
	发现问题解决问题的能力					
	团队中的影响力					

四、关键事件法

关键事件法是通过考察工作过程和活动情况以发现潜在的培训需求，被观察的对象通常是那些对组织目标起关键性积极作用或消极作用的事件。确定关键事件的原则是：工作过程中发生的对企业绩效有重大影响的特定事件，如系统故障、获取大客户、大客户流失、产品交期延迟或事故率过高等。关键事件的记录为培训需求分析提供了方便而有意义的消息来源。关键事件法要求管理人员记录员工工作中的关键事件，包括导致事件发生的原因和背景，员工特别有效或失败的行为，关键行为的后果，以及员工自己能否支配或控制行为后果等。

进行关键事件分析时应注意以下两个方面：

(1)制订保存重大事件记录的指导原则并建立记录媒体(如工作日志、主管笔记等)。

(2)对记录进行定期分析，找出员工在知识和技能方面的缺陷，以确定培训需求。

五、绩效考核法

培训的最终目的是改进工作绩效，减少或消除实际绩效与期望绩效之间的差距。因此，对个人或团队的绩效进行考核可以作为分析培训需求的一种方法。

运用绩效分析法需要注意把握以下四个方面：

(1)将明确规定并得到一致同意的标准作为考核的基线。

(2)集中注意那些希望达到的关键业绩指标。

(3)确定未达到理想业绩水平的原因。

(4)确定通过培训能否达到的业绩水平。

六、经验判断法

有些培训需求具有一定的通用性或规律性,可以凭借经验加以判断。比如,一位经验丰富的管理者能够轻易地判断出他的下属在哪些能力方面比较欠缺,因而应进行哪些内容的培训。又比如,人力资源部门仅仅根据过去的工作经验,不用调查就知道那些刚进入公司的新员工需要进行哪些方面的培训;还比如,公司在准备将一批基层管理者提拔为中层干部时,公司领导和人力资源部门不用做调研,也能大致知道这批准备提拔的人员应该接受哪些培训;再比如,在企业重组或兼并过程中,有关决策者或管理部门不用调研,也能大致知道要对相关人员进行哪些方面的培训。

采取经验判断法获取培训需求信息在方式上十分灵活,既可以设计正式的问卷表交由相关人员,由他们凭借经验判断提出培训需求。还可以通过座谈会、一对一沟通的方式获得这方面的信息。培训部门甚至可以仅仅根据自己的经验直接对某些层级或部门人员的培训需要做出分析判断。那些通常由企业领导亲自要求举办的培训活动,其培训需求无一不来自企业领导的经验判断。

七、头脑风暴法

在实施一项新的项目、工程或推出新的产品之前需要进行培训需求分析时,可将一群合适的人员集中在一起共同工作、思考和分析。在企业内部寻找那些具有较强分析能力的人并让他们成为头脑风暴小组的成员。还可以邀请企业以外的有关人员参加,如客户或供应商。

头脑风暴法的主要步骤如下:

第一,将有关人员召集在一起,通常是围桌而坐,人数不宜过多,一般十几人为宜。

第二,让参会者就某一主题尽快提出培训需求,并在一定时间内进行无拘无束的讨论。

第三,只许讨论,不许批评和反驳。观点越多、思路越广越好。

第四,所有提出的方案都当场记录下来,不作结论,只注重产生方案或意见的过程。

事后,对每条培训需求的迫切程度与可培训程度提出看法,以确认当前最迫切的培训需求信息。

八、专项测评法

专项测评是一种高度专门化的问卷调查方法,设计或选择专项测评表并进行有效测评需要大量的专业知识。一般的问卷只能获得表面或描述性的数据,专项测评表则复杂得多,它可通过深层次的调查,提供具体而且较系统的信息,比如可测量出员工对计划中的公司变化的心理反应以及接受培训的应对准备等。由于专项测评法操作要求极高,并需要大量的专业知识作支撑,企业一般是外请专业的测评公司来进行。然而,使用外部专业公司提供专项测评,会受到时间和经费的限制。

九、胜任能力分析法

胜任能力是指员工胜任某一工作所应具备的知识、技能、态度和价值观等。许多企业都在依据经营战略建立各岗位的胜任能力模型，以为企业员工招聘与甄选、培训、绩效考评和薪酬管理提供依据。

基于胜任能力的培训需求分析有两个主要步骤：

步骤一，职位描述：描述出该职位的任职者必须具备的知识、技能、态度和价值。

步骤二，能力现状评估：依据任职能力要求来评估任职者目前的能力水平。

使用这一方法的企业或培训经理普遍认为，当职位应具备的能力和个人满足职务的实际能力得到界定后，确定培训需求就变得容易了。企业根据胜任能力模型来确定培训需求并进行员工胜任能力开发，需找员工实际胜任能力水平与理想胜任能力的差距，从而对症下药，使企业的培训工作具有更强的针对性。

十、培训需求分析方法的比较与选择

培训的效果必然要受到培训需求分析时被培训对象的参与程度、管理者参与程度、分析过程耗时程度、培训需求分析成本及分析过程量化程度的影响，每一种培训需求分析方法在上述五项指标中都各有其侧重及不足(表 4.7)，在具体应用过程中各种方法有着不同的效果。

表 4.7　培训需求分析方法比较

信息收集方法	被培训者参与程度	管理层参与程度	分析过程耗时程度	培训需求分析成本	分析过程量化程度
访谈法	高	低	高	高	中
问卷调查法	高	高	中	中	高
观察法	中	低	高	高	中
关键事件法	高	低	中	低	高
绩效考核法	低	中	低	低	中
经验判断法	低	高	低	低	低
头脑风暴法	高	中	高	中	低
专项测评法	低	低	高	高	高
胜任能力分析法	中	高	高	中	高

培训需求分析方法的选择主要取决于培训本身的要求。在决定培训需求信息收集方法时，首先可将培训需求分为一般需求和特殊需求，然后再考虑需求信息精度的要求，结合各种培训需求分析方法的优点和缺点，最后进行方法或方法组合选择(表 4.8)。

表 4.8　培训需求分析方法选择

项目	需求信息的精度要求较低	需求信息的精度要求较高
一般培训需求	观察法、经验判断法、头脑风暴法	绩效考核法、胜任能力分析法
特殊培训需求	访谈法、关键事件法	问卷调查法、专项测评法

在选择培训需求分析方法时，应注意以下几点：

(1)各种方法最好混合使用，挑选两种或者多种方法，某种方法的优点弥补另一种方法的缺点，如果混合得当，将提高所取得信息的可靠性。

(2)各种方法都会对调查对象造成某种程度的控制，应尽量降低控制程度，提高使用各种方法的自由度，允许调查对象就他们认为重要的问题发表意见。

(3)做好充分准备，得不到反响的需求评价工作是无意义的，应清楚在培训需求调查中谁是决策者。

第五节　培训需求分析的成果:培训计划

经过培训需求分析，明确了培训需求之后，即可确定培训目标和计划。培训目标的确定为培训提供了方向和框架，培训计划的制订则可使培训目标变为现实。企业应根据培训需求，结合本企业的战略目标来制订培训计划。培训计划主要包括设定培训目标和内容、确定培训人员、培训方法和形式、培训预算等内容。

一、培训目标的类别

培训的主要目的在于提高绩效。企业在制订培训计划时，必须明确通过培训期望达成的效果。培训目标可以分为三大类：

(一)提高员工在企业中的角色意识

员工只有完全融入企业，才能充分履行其职能。这一点对于新进员工尤为重要。如何使新员工尽快熟悉企业的各个方面，消除陌生感，以一种良好的方式开始工作，在企业与员工之间建立默契和承诺，决定了新员工导向培训在企业培训工作中的重要作用。

(二)获得知识，提高技能

通过培训，提高员工在工作中必需的知识、技能水平。

(1)基本知识，如语言、数学等。对某些工作而言，这些知识是必需的，如从事会计工作，必须掌握一定的数学知识。

(2)人际关系技能。这些技能主要指工作中普遍需求的技术与技能，如沟通技巧、合作能力等。

(3)专项知识和技能。这些知识和技能是做好企业中某一具体工作所必需的，如机床工必须掌握机床操作技能，销售员必须掌握销售技巧等。员工运用所学的专项知识和技能可以在实际工作中表现得更有绩效。

(4)高层次整合的技能。这类技能主要针对企业中的中、高级管理人员而言,要求适应复杂变化的情境,如领导、战略规划、经营决策、组织设计等。

(三)态度动机的转变

通过培训提高员工对企业与工作的认知,改变态度,形成良性动机,进而改善绩效。

二、培训计划的类别

企业系统地制订培训计划,有计划地开展培训教育,有利于企业增强了人员竞争力。针对不同层次的要求,制订一系列培训计划,有根据本企业战略目标设计的长期培训计划,有每年制订的年度培训计划以及具体到每一培训课程的课程计划。

(一)长期培训计划

长期培训计划是从企业战略发展目标出发制订的相应的长远培训计划,长期培训计划的设计基于掌握企业组织架构、功能和人员状况,了解企业未来几年的发展方向与趋势,了解企业发展过程中员工的需求,结合企业现阶段工作重点,同时明确有哪些资源可供利用。

(二)年度培训计划

年度培训计划概要地表现了企业本年度的培训主题,包括了培训对象、培训内容、培训方法和方式,以及培训费用的预算,但不涉及单一课程的具体细节。年度培训计划的总体目标与企业长期培训计划保持一致,同时作为企业全年业务运用计划中人力资源计划的重要部分,应服务于企业的经营目标。

(三)课程计划

课程计划是在年度培训计划的基础上,就某一培训课程进行的目标、内容、组织形式、培训方式、考核方式、培训时限、受训对象、讲师等细节的规划。课程目标应明确完成培训后培训对象所应达到的知识、技能水平。设定现实可行的培训目标既为培训指明了方向,又为评估培训效果提供了指标。

课后讨论

1. 培训需求分析的作用是什么?
2. 培训需求分析的影响因素是什么?
3. 简述培训需求分析模式的三个层面。
4. 培训需求分析的方法有哪些?
5. 培训计划有哪几种?

课程实训

实训主题:确定培训主题(一)

一、实训项目名称

确定培训主题(一)

二、实训目的和要求

1.完成小组角色分配工作。

2.设计完成访谈问卷。

3.完成访谈工作并初步确定培训主题。

三、教学方法

1.讲解。2.指导。3.示范。4.启发。

四、实训时间

4学时。

五、实训地点

各班课室。

六、主要仪器设备

1.白板。

2.多媒体。

七、实训内容和原理

1.完成小组角色分配工作。

2.设计完成访谈问卷。

3.完成访谈工作并初步确定培训主题。

八、操作方法与实训步骤

1.完成小组角色分配工作。

(1)分组依据:①室内组,室外组;②自行组合。

(2)角色分配:①采访人;②记录人;③协调人;④观察人;⑤小结人。

2.设计完成访谈问卷。

(1)了解被访谈人个人情况(具体职务及工作内容)。

(2)设计访谈问题。

(3)讨论确定访谈问题如下:

①

②

③

……

3. 完成访谈工作并初步确定培训主题。

(1)访谈小结如下:

(2)通过访谈确定本次培训主题为:

九、实训数据记录、处理与分析

1. 采访人小结:

2. 观察人小结:

3. 小结人总结:

十、质疑、建议

1. 建议问题设计应体现较强的针对性。
2. 问题间应有一定的逻辑。
3. 问题设计不宜过宽过大。

实训主题:确定培训主题(二)——访谈法的使用

一、实训主题

确定培训主题(二)——访谈法的使用

二、实训目的和要求

1. 总结采访内容,确定培训重点;
2. 筛选培训重点,形成培训主题;
3. 就培训主题完成人员分工。

三、教学方法

1. 讲解。2. 指导。3. 示范。4. 启发。

四、实训时间

4 学时。

五、实训地点

各班课室。

六、主要仪器设备

1. 白板。
2. 多媒体。

七、实训内容和原理

1. 总结采访内容，确定培训重点。
2. 筛选培训重点，形成培训主题。
3. 就培训主题完成人员分工。

八、操作方法与实训步骤

1. 总结采访内容，确定培训重点。
(1)采对访内容作出分段分析，形成分段重点。
(2)访谈人和观察人就现场情况给出更准确的说明。
(3)确定分重点。
2. 筛选培训重点，形成培训主题。
(1)培训小组资源分析。
(2)筛选分重点。
(3)形成培训主题。
3. 就培训主题完成人员分工(给出具体的人员名单)。
(1)主讲组。
(2)课件组。
(3)材料组。
(4)场地组。
(5)协调组。
(6)观察员。

九、实训数据记录、处理与分析

培训重点的筛查与选择。

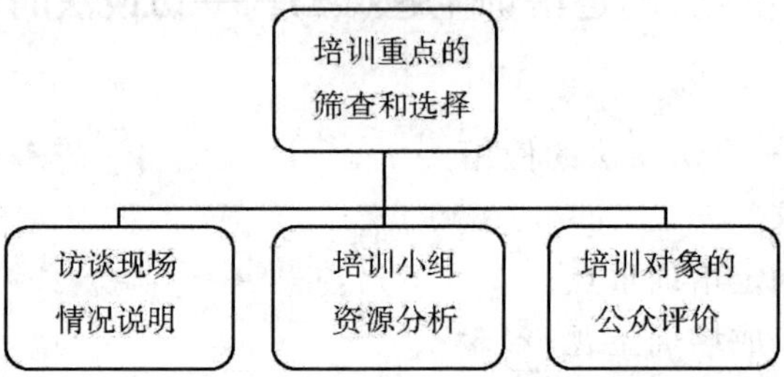

十、质疑、建议

1. 培训小组成员须客观主动说明自身优势以便于小组资源合理使用。
2. 小组中须引导性出现一名主导者。

第五章　培训项目开发

重点问题

- 培训项目的概念及构成要素
- 培训项目实施计划的构成要素
- 制订培训项目实施计划的基本依据
- 制订培训项目实施计划的步骤
- 培训项目实施计划的实施方法与步骤
- 审定项目开发方案的步骤
- 培训项目审定的内容及作用

关键术语

- 培训项目开发
- 培训项目实施计划
- 项目开发方案
- 培训素材基础台账
- 培训项目审定

第一节　培训项目开发基本概念

一、培训项目开发的含义

辞海中解释“开发”即用垦殖开采等方法，来充分利用荒地或天然资源。根据这一解释，我们理解开发的基本含义就是寻找、发现、挖掘、选择。

培训项目开发实质上就是一个为满足特定培训需求，寻找、发现、挖掘、选择培训对象、内容、手段、形式与方法的一次性活动过程。培训项目开发是培训需求分析预测的直接结果。没有培训需求，就谈不上培训项目的开发。

二、培训项目的构成要素

(一)培训项目名称

培训项目名称是培训项目外在的、直观的称谓。培训名称要简单、明确，突出培训项目的主题和中心内容，如人事处长人力资源管理技巧培训班、新员工岗前安全生产规程培训班、工商管理任职资格培训班等。

(二)培训需求预测

培训需求预测是根据企业发展需要，通过分析企业发展现状，从员工的角度出发，找出企业发展中所存在的差距或潜在能力，并以此确定培训目标，设计培训项目的方法。它是开发培训项目的前提和基础，是一切培训计划实施的出发点。其核心内容主要体现在对培训对象、组织需求、个人需求的分析和培训内容的预测上。

(三)培训项目系统设计

培训项目开发，是一项系统工程，必须进行科学系统的设计。它不仅指事先搞好预测，还包括项目开发的计划书等。项目开发计划书，是培训项目开发工作的蓝图，是保证项目开发质量的重要软件。系统设计重在体现项目的合理性、可行性和实用性。包括：培训目标的确定、课程设置、教材选定、教师确定、培训方式、培训周期、质量要求评估及各教学环节的整体安排。

(四)培训项目实施

实施是培训的具体操作运作过程。是将项目开发成果落在实处的执行力的体现，培训管理者要严格管理、加强监督，实现项目开发的价值和意义。组织实施过程中，要坚持灵活性和创新性。培训实施是培训项目开发的实质性过程和关键阶段，是培训项目开发的目的所在。不能实施或实施不好的项目，就会失去项目开发的意义。

(五)项目实施效果评估

不仅要进行项目实施前的项目评估,还要进行实施效果评估。评估是一项重要的活动,需要设置多个指标体系,全方位评价培训的效果和效益,是对整个培训项目开发、实施工作的总结、回顾,也是为下一个培训项目开发与实施积累经验、改进方法的过程。

三、开发培训项目应遵循的原则

服务性原则。开发培训项目必须明确目的,以企业发展需要为出发点和落脚点,服从和服务于企业对人员素质提升的实际需求,这也是企业培训部门和培训工作者的价值所在。

针对性原则。培训内容的安排,必须建立在准确的培训需求预测的基础上,是与培训对象密切相关的,而不能是一般性的、泛泛的内容。

实效性原则。开发培训项目必须考虑到项目的质量与效果。因此,每一个环节的把握都要与最终的培训效果相联系,保证培训项目的切实有效。

适时性原则。开发培训项目一定要很好地把握时机,积累性培训不能因为所谓"培训规模"而过于滞后;即时性培训抓紧安排,不可拖延:前瞻性培训既不能滞后又不能过于超前。要特别注意企业一些应急性培训项目,必须及时开发、实施,不可贻误"战机"。

可行性原则。开发培训项目必须强调可操作性,便于实施。培训项目开发报告书的项目目标、任务说明等都要具体明确,可操作性强。

系统性原则。开发培训项目是一项系统工程。一方面,要统筹考虑培训目标、培训内容、培训方法、培训时间安排等;另一方面,在开发培训项目时,还要充分考虑其他各相关方面因素的影响,如实施条件因素的影响。

四、培训项目实施计划的含义

(一)计划的含义

所谓计划,是指为实现已定的决策目标而对各项具体管理活动,及其所需人力、财力、物力做出的设计和谋划。计划有广义与狭义之分。广义的计划指制订计划、执行计划和检查计划的执行情况等整个工作的全过程。狭义的计划指制订计划,即通过一定的科学方法,为决策目标的实现做出具体的安排,也就是通过计划的编制,合理地安排组织内的一切具体管理活动,有效地利用人力、物力和财力资源,以期实现决策目标。

计划作为一种管理方法,通常具有目的性、首位性、普遍性、适应性、效率性等方面的特征。计划一般包括四个基本要素:目标、措施、步骤、约束条件。

(二)培训项目实施计划的含义

所谓培训项目实施计划是指在全面、客观的培训需求分析的基础上,对某一培训项目做出的培训目标(Why)、培训时间(When)、培训地点(Where)、培训者(Who)、培训对象(Whom)、培训方式(How)和培训内容(What)等进行的预先系统设计。

培训项目实施计划是培训项目实施的指导性方案,应用非常广泛。相对于年度综合培训计划而言，更具体、更具可操作性，一般具有目标单一、各项计划元素细化、易操作等特点。

（三）计划的类型

按计划的性质分，可分为生产性计划、非生产性计划；按计划内容分，可分为技术攻关计划、新产品开发计划、市场营销计划、培训教材开发计划等；按计划时间分，可分为短期（不足一年）计划、中期计划、长期计划等；按计划内涵分，可分为综合计划、单项计划等。

五、培训项目实施计划的构成要素

为什么要进行培训？谁接受培训？接受谁的培训？学习些什么内容？如何培训……，这些都是企业培训项目实施计划要回答的问题，正是这诸多问题，构成了企业培训项目实施计划的基本要素。具体来说，一份完整的培训项目实施计划应包括如下内容：

（一）培训目的

培训目的主要是回答为什么要进行培训的问题。无论何种培训计划，都要围绕培训目的进行设计。明确的培训目的，可以将培训计划以及培训导向成功。

（二）培训目标

培训目标主要解决培训要达到何种的标准的问题，它是在培训目的基础上确定的。目标的确定还可以有效地指导受训者找到解决复杂问题的答案，进一步了解自己在组织中所起的作用，以及今后发展和努力的方向，为今后的工作制订切实可行的计划。

（三）培训对象及类型

培训对象及类型即确定谁接受培训和进行何种类型的培训。这项内容一般在培训需求分析中，通过对工作任务的系列调查和综合分析便可确定。培训类型主要有：知识更新类型、思维变革类型、潜能开发类型、岗位培训类型（适应性岗位培训、规范性岗位培训）等。

（四）培训内容

培训内容是与培训对象相辅相成的，有什么样的培训对象，就有什么样的培训内容，它是根据培训对象的需求而确定的。

（五）培训的组织范围

培训的组织范围，在这里是指培训对象的确定范围和组织渠道。培训的组织范围一般包括五个层次，即个人、部门、组织、行业、公共。

(1)个人。指企业中针对个人的岗位培训。如学徒培训、自学等均属此层次的培训。

(2)部门。指针对企业中某一工作部门的培训。通常是根据某些部门在生产工作过程中暴露的突出问题和需要提升的问题开展的培训。如针对新的会计制度实施开展财会部门的财会培训等。

(3)组织。指针对整个组织的全体员工的培训。如通常的岗位操作、纪律与法规、安全和管理等必须让企业全体员工掌握的知识与技能的培训。

(4)行业。指针对某一行业人员进行的培训。这类培训一般都由政府职能部门或行业协会组织,其培训内容主要有行业特有技术技能和管理培训、安全法规、规程培训等。

(5)公共。指适用于所有公共领域及行业的培训。如文化基础知识培训、计算机技能培训、公共管理培训等都属这类培训。

(六)培训规模

培训的规模受很多因素影响,如人数、场所、培训的性质、工具以及费用等。一般情况下,技术要求较为专业的培训,其规模都较小;名人讲座式的培训,规模相对较大;采用讨论、个案研究、角色扮演的培训方式,则培训规模要控制在一个适度的水平上。如果培训只针对个人,则不需组成专门的教学班,只需提供培训设备、方法、程序、教材及其他教学条件和指导教师即可。如果接受培训的学员较多,且时间长,就要考虑培训场所、食宿、师资、教材、方法、程序,并制订出必要的考勤制度、作息时间表和组建临时的学员社团及组织管机构等。

(七)培训时间

培训的时间安排受培训的内容、费用、生源等其他与培训有关的因素影响。如专题报告一般安排半天到一天即可;较为复杂的培训内容,一般要集中培训,其时间因培训内容而定。有些以提高岗位技能为特点的继续教育常常安排在双休日或分阶段进行。

培训时间还有一层含义:培训时机,一个培训项目实施计划的制订与落实需要把握时机。过于超前不行,滞后也会失去培训的意义。培训时间的安排,还要考虑培训对象的某些特殊因素等。

(八)培训地点

培训地点一般指学员接受培训的所在地和场所。如只针对个人的岗位技能培训,一般都安排在工作现场或车间;其他类型的培训可以安排在工作现场,也可以安排在特定城市和培训机构的实验室、计算机房、教室等地。培训地点的选择也应考虑到交通的便捷和周边环境是否安全、安静等因素。

(九)培训的方式、方法

培训方式,主要指培训所采取的组织形式,如集中培训或分散培训、在职培训还是脱产培训、企业内训或委外培训等方式;培训方法是指培训教学工作采取的具体技巧与手段,如运用讲授法培训或案例法培训,是理论培训或现场教学等。采用何种培训方式、方法,主要是由培训目的、目标、对象、内容、经费及其他条件决定的。如独立的小型组织的培训常采用分散的,一个单位一个单位的方式进行。高层培训、管理培训、员工文化素质培训、某些基本技能培训等常采用集中的方式进行。专业技能培训主要采用边实践、边学习的方法。

(十)培训教师

能否选择到合适的教师,直接关系到培训效果的好坏。因此,企业培训项目实施计划的制订,一定要根据以上相关内容考虑教师问题。如果是个人自我发展训练,由具有工作经验的同事或上级作为指导教师即可。其他培训一般均要聘请专职教师或经验丰富的管理者、技师、相关专家作为教师。企业内训,一般以专职教师为骨干、兼职教师为主体承担培训教学工作。

(十一)考评方式

每个培训项目实施后,均要对受训人员进行考评,这也是对培训效果的一个检验。考评方式一般分为笔试、面试、操作三种方式,笔试又分为开卷和闭卷等。

(十二)经费投入

一个完整的培训项目实施计划,应当有培训经费预算,以便有效反映培训成本,为培训项目效益效果评估提供经费投入方面的依据。不同的项目,其预算内容是不同的,不同的企业,也有不同的具体要求。

(十三)培训效益、效果的预期

培训效益、效果预期是非常重要的,同培训的目标要求和评价标准密不可分。培训效益、效果的预期能够量化的尽量量化,不能量化的也要有理有据,说服力强。

六、制订培训项目实施计划的基本依据

与制订培训总体计划不同,制订培训项目实施计划时应首先分析培训项目,重点将项目的目的通过计划落到实处,相对于年度综合培训计划,其更具体、更具可操作性。因此,制订培训项目实施计划与制订年度培训总体计划的依据是不完全相同的。制订培训项目实施计划的主要依据是:

第一,企业的发展情况。

企业发展是实施企业培训计划的基础和根本所在。企业培训需求预测、项目开发都必须依据企业发展进行。因此,在培训项目实施计划的制订过程中,仍然要关注企业发展,动态、灵活的调整实施计划。

第二,企业中、长期培训计划。

企业中、长期培训计划(如年度培训总体计划)对计划期内的培训工作做出了整体性、系统性和综合性的筹划和部署。所以,企业日常的培训工作和培训项目实施计划的制订应当以中、长期培训计划作为重要依据,既保证培训项目实施计划不偏离企业发展战略,又保障中、长期培训计划的落实。

第三,培训需求预测。

培训项目的开发、培训项目实施计划的制订,必须以培训需求预测为客观依据,绝不能凭空想象,主观臆造。一般情况下,无论是计划内培训项目,还是计划外培训项目,其计划的制订都应当以培训需求预测为最主要、最直接的依据。

第四,组织优先权。

培训项目实施计划的制订,首先应以企业中、长期培训计划为重要依据,这是指一般情况。由于市场经济瞬息万变,企业为适应市场的变化,一定时期的组织优先权往往也呈现出动态性。随着原来制订中、长期培训计划时的主、客观环境的变化,培训需求预测也必须随机应变。在这种情况下,组织优先权的变化有可能产生新的培训需求,随之,企业需要开发

出适应新情况的培训项目，比如企业引进高新技术需要及时开发新技能培训项目。因此，也必须有配套的实施计划。

第五，培训素材基础台账。

员工培训素材基础台账记载着企业发展与员工素质相关的培训信息。这些信息积累到一定程度，形成了具有同一培训需求的目标人群时，就要考虑开发一个培训项目。实际上，这种素质差距的记载，也是一种培训需求分析，只是它的过程可能长一些。因此，培训项目开发与实施计划的制订也可以培训素材基础台账的素质差距记载为依据。

为保证培训项目实施计划的质量，有必要把以上五项依据有机结合，统筹考虑，综合运用。

第六，培训项目报告书。

培训项目实施计划是对培训项目的具体执行性文件。因此，必须以培训项目报告书中所确定的培训目标、内容、方法及相关要求为依据，来设计制订实施计划，以保证培训项目的准确实施。

组织实施培训项目实施计划应注意以下问题：明确分工，落实责任；密切配合，相互沟通；严格监控，保证进度。

第二节　制订培训项目实施计划

一、制订培训项目实施计划的步骤

制订培训项目实施计划的一般步骤是：

(一)研究培训项目报告书，明确具体培训实施目标

在开发了具体的培训项目，企业培训师撰写了培训项目报告书，企业主管领导决策立项以后，作为规模较大、要素较复杂、质量要求较高的培训项目，应当组建项目实施工作小组，围绕培训项目既定的目标进行项目实施计划的设计、制订，最终形成培训项目实施计划书。对于规模不大、培训内容单一的培训项目，可由企业培训师，依据领导审定的培训项目报告书直接制订该项目的实施计划。制订实施计划前，无论是较大培训项目，还是简单培训项目，都必须对项目报告书的内容进行认真研究，明确培训项目的、目标，领会领导对项目的具体要求，这是设计、制订培训项目实施计划的重要前提。

(二)围绕培训实施目标，拟定计划书

培训项目实施计划书应由 14 项要素组成，其具体的安排顺序是：

(1)确认培训计划的目的；

(2)确定培训的目标；

(3)确定培训对象及内容；

(4)确定培训规模；

(5)确定培训方式(指脱产集中培训等)；

(6)确定培训时间：

(7)确定管理者；

(8)确定培训教师；

(9)确定培训方法；

(10)确定考核方式方法；

(11)确定培训场所；

(12)确定培训设备；

(13)预算培训费用；

(14)预测培训效果。

(三)审定、修改计划书

培训项目实施计划书写好后，应由项目负责人或高级企业培训师组织有关管理者、培训师、培训对象代表等进行审定，提出审定意见，指出存在的问题。

根据审定小组提出的修改意见，由计划书的起草者进行修改、完善。

(四)领导决策

培训项目实施计划书修改后，提请企业领导决策，而后加以实施。

二、制订培训项目实施计划的一般方法

制订培训项目实施计划的过程，是落实培训项目核心内容的过程。一些规模较大的培训项目实施计划的设计、制订，绝不能由个别人或培训部门一家闭门造车，应尽量请有关部门和人员参与。

制订培训项目实施计划一般有会议法、座谈法、专家论证法等。或先拟草案，再论证修订；或先讨论出框架，再进行论证。通过大、小会议制订计划，是最常用的方法。培训计划会议往往需要有计划的部门经理和培训管理者，以及培训管理部门的课程开发人员共同参加，有时为使培训计划不偏离被培训对象的需求，也可以考虑选择几名学员代表参加培训计划会议，可以起到旁证的作用。另外，与部门经理的沟通也很重要，缺乏与部门经理之间的深入沟通，培训计划再好，也往往得不到部门经理的支持。此外，培训计划制订不可只有一套方案，应多列几套方案备选。

三、培训项目实施计划的实施方法与步骤

培训计划制订以后，关键在落实。组织培训项目实施计划的方法和步骤是：

(一)公布培训计划

将培训计划打印并发至相关人员，以便让其明确自己的具体工作职责，并掌握培训项目的整体情况。

（二）培训资源的组织、准备

(1)培训对象、培训教师的落实。要落实培训对象、培训教师。如需聘请外部机构的教授、专家来进行培训，更要提前联系，并了解他们的背景、经历等。

(2)培训场所的选择与布置。为确保培训效果，最好选择较安静的培训环境，且室内光线、温度、通风要好，使培训者感到舒适。同时，要进行必要的布置，如适当的口号、标语等，以营造培训的氛围，激励受训人员参加培训的积极性、主动性。

(3)应用工具的准备。培训过程中经常应用的工具主要为两大类：资料类工具和设施类工具。常用的资料类工具包括培训教材、讲义、讨论资料、测试资料等。设施类工具主要包括白板或黑板、投影仪、幻灯机、录音器材、音响器材、麦克风、多媒体网络终端等。要确保培训工具的品种、数量、质量满足并符合培训的需要。因为培训效果的好坏来自于学员的听觉、视觉和心理的共同接收效果。

（三）进行培训动员工作

1. 告知有关培训的详细情况

要明确培训时间地点、吃住行的安排、培训日程、培训的主要内容、培训将采取的形式、主要出席培训会议的领导和培训课程主讲培训师等。

2. 强化学员的学习动机调动学习积极性

主要强调本次培训活动对于公司和受培训者个人的重要意义，引起其对培训的普遍重视，提高其兴趣，最大限度地利用这次机会，完成培训任务。

3. 综合不同意见

“综合不同意见”关注的是参加培训者对于培训内容、时间、地点、方式等安排可能会有的不同意见。实践证明，这种情况是非常普遍的，如果忽视了不同意见的存在而不加以解释，培训对象对培训工作的不满很容易转化为对培训的消极对待，不仅自己在培训过程中表现不佳，同时还会影响其他人。

（四）了解特殊要求

“了解特殊要求”体现了对培训对象的尊重和关怀，受训者本人高兴，就会对学习产生积极的促进作用。

（五）强调培训纪律

“强调培训纪律”是一般的培训组织者都能够关注的问题，特别是培训对象公务繁忙，经常有各种事务干扰，影响教师的正常授课，影响培训对象的注意力。因此事前一定要强调纪律性。

第三节 审定培训项目开发方案

一、审定项目开发方案的步骤

“审定”是由“审”和“定”两部分组成的，即审查和评定（决定）。对培训项目开发方案的审定，也包括审查方案本身对方案做出评定两个部分。审定培训项目开发方案就是按照一定的标准和原则，对应培训项目开发方案的可行性进行审查和评定。

审定培训项目开发方案的一般步骤：

（一）明确审定标准

如果有了培训项目开发的审定标准，作为审定者，就应当先熟悉和掌握审定标准。审定标准关系到审定导向、审定效率和最终的审定质量。如果没有现成的审定标准，就要首先制订审定标准。没有审定标准，审定工作无从下手。

（二）把握拟审方案的全貌

事先由审定组负责人将培训项目报告书复印件发至审定组成员。在开始审定时，由项目报告的撰写者具体讲解、说明项目开发的来龙去脉，逐条宣讲项曰报告的内容，使审定者了解该项目方案的全貌，为逐条审定做好铺垫。最好是先熟悉项目的全貌，然后再审定项目的具体内容。

（三）组织集体审定工作

在全面了解项目方案全貌的基础上，由方案审定负责人组织审定组成员，按照既定的审定标准对项目报告书的内容逐条进行审定。主要审定内容的次序：项目的名称、必要性、理由和依据、项目的目标、项目的任务说明、项目的费用估算、项目的经济效益。

（四）撰写审定项目报告

审定工作的最后一步是撰写审定报告，报告通常从以下几方面来反映审定意见：内容的全面性、标题的规范性、格式的标准化、文字表述的准确度等。

（五）做出审定结论

具体内容是：方案是否可行？可以分为可行、基本可行、基本不可行、不可行四个档次，陈述主要理由；如果可行或基本可行，还有什么需要改进、完善的地方？

（六）撰写项目方案审定报告，提供决策依据

审定结论为“可行”或“基本可行”的，要指定专人撰写项目审定报告，简要说明方案审定概况，具体阐明“可行”或“基本可行”的理由，指出问题所在和需要改进的建议等。

二、审定项目开发方案所采用的方法

首先，做好审定人员的遴选工作。遴选称职的审定人员及负责人，是搞好方案审定的关键。一般情况下，一个培训项目开发方案的审定最好组建一个一次性的方案审定小组，并指定负责人。审定负责人一般可由高级企业培训师担任。审定小组成员的选定应根据拟审项目方案的业务内容，考虑到审定人员的业务相关性和代表性以及思想作风、思维、语言、表达能力等因素。

其次，坚持培训需求分析预测者与培训对象及其他有关人员相结合。参加方案审定的，不仅应有培训部的高级企业培训师、培训项目开发报告书的撰写者，还有人力资源部的班组专职管理者、有关车间的主管领导、部分班组长等，这样的组成人员参加审定，有利于审定结论的客观性和全面性。

另外，坚持主体材料与相关信息相结合。审定人员不仅依据前期的培训需求分析预测结果——项目开发报告书，而且也结合了他们各自掌握的班组长素质、能力现状的相关信息，从而有利于结论的全面性和针对性。

最后，坚持集中审定与分散调研相结合。为了保证方案审定质量，最好在组织有关人员进行集体审定之前，将项目开发报告书复印件发至审定人员，并请各位审定人员到现场，通过座谈、访谈等方法，比较广泛地征求培训对象周围人员的意见，为之后参审搜集较多的第一手材料；也可以在项目开发方案审定之后，召集部分培训对象进行方案可行性的测评。

三、培训项目审定的作用

培训项目审定的根本作用在于发现问题并提出纠正的办法，以提高培训项目开发方案的质量。其具体作用主要有：

把关作用。对项目开发方案的审查和评定，能够起到把关作用。少数人开发的培训项目，往往存在一定的局限性。而通过方案审定小组中专家的审定，集思广益，看问题会更全面、客观一些。通过审定，即使方案可行，也可能发现某些不足，并提出修改完善的具体意见，有利于提高方案可行性；如果开发方案确实存在明显问题，通过审定，提出系统的修改意见，以避免将来在项目实现时出现问题。

沟通作用。通过集体审定，培训需求分析预测的参与者、项目开发报告的撰写者与各位审定者之间相互沟通，互相启发，能够实现经验、信息乃至思想的交流、共享。因此，方案审定具有产生思想共享的作用，同样也能提高审定者的思想和业务水平。

促进作用。一方面，方案的审定过程，是一个沟通、宣传、动员的过程，会促进项目方案的实施；另一方面，对于培训部门、培训需求分析预测者、培训项目报告书的撰写者会起到促进作用。方案做得优秀，受到审定者的好评，得到领导的认可，他们会从中受到鼓舞，得到激励，积累经验，今后会更好地开发培训项目；对于项目开发方案存在的不足，方案的制订者通过修改完善，也能得到新的提高；对于极少数方案开发的失败者，如果接受深刻教训，坏事可以变成好事。

四、培训项目审定的内容

审定培训项目开发方案的内容主要有:培训项目是否具有很强的针对性和客观性?培训项目的目的、目标确定是否适当?培训项目的必要性、理由是否充分。依据是否可靠?培训项目的任务说明是否明确、全面、具体?培训项目的费用估算是否正确?培训项目的效益预期是否合理?培训项目名称、培训项目开发报告书的格式是否规范?表述是否清楚、准确等。在以上审定内容中,重点是培训项目的目标定的是否准确,培训的针对性和必要性如何。撰写培训项目开发方案审定报告的基本要求:内容要全面。审定报告包括四项内容:项目概况,审定程序、依据和方法;具体审定意见(含优点、不足),审定结论(分为可行、基本可行、基本不可行和不可行四个层次)。这四项内容不能遗漏。

五、培训项目审定的原则

培训项目开发方案的审定应当坚持以下原则:

(一)集体审定原则

为保证培训项目开发方案审定的有效性和权威性,应当坚持集体审定的原则。一般情况下,应建立项目审定小组,由各相关方面的专家或代表组成,并形成合理的专业结构、层级结构。审定小组成员的可根据实际情况确定,一般在5~10人之间。人数过少或构成单一,不利于形成比较全面的结论;人数过多,有时又很难统一意见。除了审定小组进行集中审定外,还可以通过多种渠道,采用多种方法,征求培训对象及有关人员的意见。

(二)客观性原则

从两个方面把握。一个方面是审定工作应当从客观实际出发,以既有的培训项目开发方案、培训需求分析预测结果以及审定者掌握的有关事实为依据,而不能靠拍脑门、想当然去主观臆断。对于方案实事求是地进行评价,不掺杂个人偏见,排除各种干扰,旗帜鲜明地表明自己的态度。另一方面是审定结果要客观。方案可行就予以认可;方案有缺欠,提出修改、完善的建议;方案确实不妥,也不要勉强通过。能否坚持客观性原则,不仅与审定者的分析辨别能力直接相关,而且也与审定者的公正性和责任感密切相关。

(三)程序性原则

就是项目开发方案的审定应按程序、步骤进行。前面我们已经学习了项目方案审定的一般程序。程序一般具有内在的逻辑性、必然性。按程序办事,就是按客观规律办事。在项目方案审定中,严格按程序办事,就能使审定工作有序进行并得出正确的结论。反之,不按程序办事,东一榔头西一棒子,不仅造成审定秩序混乱,降低审定效率,而且会影响审定质量。

(四)系统性原则

项目开发方案的审定应当坚持系统性原则,因为项目本身就是一个系统。前面我们已经学过项目审定的主要内容,这些内容就是某个培训项目开发方案体系构成要素。对这些要素，我们不仅要抓住培训对象的素质差距和培训目标等重点问题，而且也要兼顾项目报告书的格式等非重点问题。只有这样，审定工作才能得出较为全面的结论。

（五）规范性原则

就是项目审定所表现的相关形式应当规范。包括：审定组织规范、审定标准规范、审定程序规范、审定结论表述规范、审定报告书的撰写格式规范等。行为规范、标准化作业有利于提高审定工作质量，工作过程的随意性，势必导致“产品”的低质量。

课程实训

实践主题：制订培训计划

年度培训计划一般应从四个主要方面来综合考虑，即对培训需求的界定和确认、设计年度培训计划、辅助资料采购计划和预算控制。把全年的培训项目完整地计划好后，培训工作便可开始实施。

培训计划最基本的内容是：为什么要培训？谁接受培训？培训些什么？谁实施培训？如何培训？用多少资源？明确了这些问题，培训的成功就有了切实的保障。

首先是“为什么要培训”，即确定培训所要达到的目标。培训目标的作用有以下几点：

①可以结合受训者、管理者等方面的需要：上述两方面的需要总是有差异的，但是培训目标必须妥善地加以揉合，以达到整体的满意效果。

②管理方面的需要：利用培训以改善管理、提高销量及利润。

③受训人员方面的需要：利用培训来获得以下收益，如较优越的感觉、较多的工资收入、较高的工作技能、较大的工作满足感、较强的自信、晋升机会等等。关于目标设定，有一点要特别注意，即要协调培训所需达成的目标与企业目标的一致性，培训目标必须服从于企业目标，这在理论上是毋庸置疑的，但在实践中常常被遗忘。

此外，培训目标要用来指导培训政策及其程序的发展。实施培训活动常常有许多选择，选择的依据是依照该活动对培训目标的贡献大小，然后做出决策，才是正确的方法。

一般来说，在目前的企业内部培训中，培训对象的确定常常是比较容易和明确的，较难的是确定培训的内容。

年度培训计划还要规定主持培训的人员必须完成的任务，培训目标是规定主持人员必须完成的任务，来作为他履行职责的导向。仅仅抓好培训过程是不够的，常常会导致与初衷的偏离。

最后一环是培训预算的确定。培训费用预算的主要考虑指标是：讲课费、教室费、教材费、课程设计费等。当然，培训费用预算应根据培训师来源的不同，确定具体不同的费用预算。如果培训师是企业内部员工，则不必考虑费用；如果培训课程（如管理类课程、专业类课程，等等）是外派培训或请专业公司做内训，则还要根据当地市场价做出预算。然后是对年费用按比例进行分配。每个企业一般都有一定的培训费用（根据国家有关规定，教育经费占工资总额的1%)，培训计划制订者应该结合企业规划、各类培训需求，根据问题的重要性，对年费用按比例分配。从而既满足了企业长期发展战略规划所必需进行的培训，又突出了当前的培训重点。比如，当年主要解决等级培训方面的中基层管理人员培训问题和专业培训方面的营销人员的能力提升，则相应费用上就会有所倾斜，在年费用比例中突出重点。

一旦年度培训计划得以全面完成，下一个步骤就是报请领导批准，然后开始执行实施。

总的来说，年度培训计划的创建难度并不是很大，只要遵循科学的方法和流程，一个有效而且人人满意的计划就可顺利完成，并将为今后的圆满实施提供坚实的基础。

一、实训项目名称

制订培训计划。

二、实训目的和要求

(1)根据筛选后的培训重点讨论产生培训计划。

(2)就产生的培训计划进行体验式尝试，判断计划操作的可行性。

三、教学方法

(1)讲解。(2)指导。(3)示范。(4)启发。

四、实训时间

4学时。

五、实训地点

各班课室。

六、主要仪器设备

(1)白板。

(2)多媒体。

(3)其他相关设备。

七、实训内容和原理

(1)根据筛选后的培训重点讨论产生培训计划。

(2)就产生的培训计划进行体验式尝试，判断计划操作的可行性。

八、操作方法与实训步骤

1.根据筛选后的培训重点讨论产生培训计划。

(1)根据筛选后的培训重点讨论产生培训计划。

(2)就培训计划书写培训计划书。

2.就产生的培训计划进行体验式尝试，判断计划操作的可行性。

(1)对培训环境及路线的体验式尝试。

(2)对培训讲师讲解材料的体验式尝试。

(3)对培训对象的仿真式体验。

(4)对培训流程的整体体验。

九、实训数据记录、处理与分析

就产生的培训计划进行体验式尝试，判断计划操作的可行性。

1. 对培训环境及路线的体验式尝试。

(1)培训环境中具体材料的使用情况分析。

(2)培训环境中时间的控制。

2. 对培训讲师讲解材料的体验式尝试。

(1)培训材料的使用情况分析。

(2)培训材料使用时间的控制。

3. 对培训对象的仿真式体验。

(1)小组模拟培训对象仿真体验情况分析。

(2)小组模拟培训对象仿真体验时间的控制。

4. 对培训流程的整体体验。

(1)培训流程逻辑合理性分析。

(2)培训流程整体时间控制。

十、质疑、建议

1. 整个流程须严格执行培训计划。

2. 严格控制每一培训环节的使用时间。

第六章　培训课程设计

重点问题

- 培训课程的特点和类型
- 培训课程设计的程序

关键术语

- 培训课程
- 培训课程设计
- 培训课程目标
- 培训课程内容设计
- E-learning 培训法

第一节 培训课程概述

一、培训课程的含义

课程是指“适应环境与输入条件的要求，有明确的教学目标，选择翔实的教学内容，准备匹配的教学条件，明确可操作的转换手段，保证学习者能达到输出目标，并能及时进行反馈评价的教学系统。”由此可见，广义上的课程设计应该包括多方面的内容，不仅包含课程本身的有关内容（课程目标、课程科目或内容、课程活动、学习转化手段等），还包含培训需求调查与预测、培训组织和环境、课程评价等。因此，培训课程不仅是针对一门课程的设计，实质上是对一个培训系统的设计。而狭义上的培训课程就是指为实现培训目标而选择的培训内容的总和，与教育的学科课程相比，其功利性非常突出。本章重点讨论培训课程本身（即狭义的培训课程）的设计问题。

二、培训课程的特点

（一）培训课程的基点——社会和学习者的要求

培训课程的设计基于企业的现实需要和学员的成人差异性，要适应社会和学习者的要求。

培训课程最突出的特点是时间短，培训周期比其他学科课程要短得多，这种快节奏就是为了适应社会对人才需求条件的快速变化。培训课程的周期几乎要与环境变化频率同步，这就要求培训课程设计要对企业的需求变化能及时了解、适时调整、同步适应。正是由于培训的这种时效性，环境对培训课程的功利性要求就比较明显。普通教育是一种长期投资，培训是一种短期投资。绝大多数投资者正是为了解决当前的急需，才投资开发培训课程的。总之，时效性和功利性是社会对培训课程的基本要求，也是培训课程设计的基本特点。

接受培训课程的大部分对象是成年人，许多人接受培训是为了弥补技能差距，提供工作能力，他们急于通过培训来改变现状，他们是主动接受培训的，参与者的主动性是是培训的最本质特征。正是因为受训者的目的是尽快提高某些方面的技能或改变某种观念，培训课程设计就是要设法满足他们的需要。适应学习者需求时培训课程设计的最大特点，也是对培训课程设计最基本的要求。

（二）培训课程的目标——服务性和经营性

培训课程要求能够尽量在短期内转化为工作绩效，培训课程的目标大多是具体性的、短期性的、单一性和的针对性的，既具有突出的服务性，又有鲜明的经营性。

（三）培训课程的内容——实践性和针对性

培训课程更多是跨学科的内容组合，要求具有特殊的实践性，应根据培训目标有针对性地进行选择。

（四）培训课程的执行——经验性和权变性

由于培训课程的主要接受者都是成年人，他们有自己的经验和学习经历，有自己惯用的学习方法，因此，培训课程的执行具有灵活的经验性和权变性，要尽量遵循成年人的认知规律，更多采用参与式、体验式的培训方法，以调动他们学习的积极性，提高学习的效果。

（五）培训课程的评价——功利性和时效性

培训课程评价的主要标准是质量和效益，而不是考试分数，具有必然的功利性和实效性。一要评价培训过程的质量，即学员对培训内容的接受程度；二要评价培训结果的质量，即培训内容转化为工作绩效的程度。评价方式有课程考试、培训效果调查和工作绩效考评等。

三、培训课程的内容

从培训内容完整性的角度来看，培训者在培训课程开发与设计上应该为所有的培训对象提供表 6.1 中所示的五个方面的内容，根据培训对象的不同而区别安排具体的内容。

表 6.1　培训课程的内容

培训内容层面	具体内容类别
深度层面	潜能开发
	思维变革
初级层面	心态转变
	技能补充
	知识更新

四、培训课程的类型

（一）学科课程

学科课程是以学科知识为中心设计的课程，它分别从各门学科中选择部分内容，确定一定的教学实践和学习期限完成。此类课程充分地注意到各门学科本身的内在联系，在学习中又侧重于各学科领域所使用的基本概念的研究及其运用。在学习方法上，严格按照教育学和心理学的规律来组织教学，既注重学员思维能力发展，又注意知识的积累和储备。因而，学科课程具有很强的科学性、系统性、连贯性，适合于正规的学校教育与培训。

（二）综合课程

综合课程也称为合科课程或广域课程，它是将几门相邻学科知识进行合并，既保留了学科课程分科教学的长处，又克服了学科课程过细的问题。综合课程最适合以提高综合素质为目标的企业培训。

（三）活动课程

活动课程也称为经验课程，是一种与学科课程相对应的课程。活动课程适合以发展个性、特长为目标的各类教育与培训，其特点是：

（1）以学员的兴趣和动机为基本出发点。

（2）以发展自己为中心来组织教学内容。

（3）不预先规定应该学习的内容。

（4）教师在教学活动中的作用仅仅是参谋和顾问。

（5）学员基本知识和基本技能的学习主要围绕各种活动进行，提倡从“做”中“学”。

(四)核心课程

核心课程是以人的基本活动为核心而组织的课程,它以一个学术领域主题为核心重新组织有关学科材料,从而形成学科之间的新联系。该课程介乎于学科课程与活动课程之间,也类似于小综合课程,不同的只是以一个核心主题为中心进行综合。核心课程适合以研究型为目标的教育与培训。

(五)集群式模块课程

集群式模块课程又称为活动中心课程,它是借鉴MES(模块式技能培训法)、CBA(以能力为基础的教育模式)和“双元制”等国际职业教育课程模式的基础上,根据市场经济特点和成人教育的内在规律,研究开发出来的一种培训课程模式。该类课程以提高受训者素质为目标,以岗位技能培训为重点,既强调相关职业通用知识与技能的传授,又强调特定职业、职位的知识与技能的培养。集群式模块课程适用于我国目前的职业教育和职业培训。

第二节　培训课程的设计

一、培训课程设计的要素

培训课程设计的主要任务是构建一门课程的形式与结构,课程的形式或结构要根据课程设计要素进行选择和建立。培训课程的设计要素包括:培训目标、培训内容、培训模式、培训策略、课程评价、学习者、执行者、培训材料、培训时间和空间等。在进行课程设计时,要根据培训课程的总体要求,通过对这些要素的选择和处理,设计出各种不同的课程。

(1)课程目标——根据环境的需要而定;

(2)课程内容——以实现课程目标为出发点去选择并组合;

(3)课程模式——有效体现课程内容,采用配套的组织与教学方法;

(4)课程策略——教学程序的选择,教学资源的利用;

(5)课程评价——对课程目标与实施效果的评价;

(6)教材——切合学员的实际,提供足够信息;

(7)学习者——学习背景与学习能力;

(8)执行者——理解课程设计思想的主持人与教师;

(9)时间——短、平、快,要求充分利用时间;

(10)空间——可超越教室的学习场地。

二、培训课程设计的程序

培训课程设计的基本程序是:从培训需求的调查与分析出发,明确课程目标,根据目标要求进行课程设计,包括培训课程目标的确定、培训课程内容的设计、培训课程方法的选择、课程设计成果的形成、培训课程的试讲研讨及培训课程的评价提升等环节。

(一)培训课程目标的确定

培训课程目标是经过某门课程学习后学员应达到的知识、能力或态度水平,一般根据胜任能力要求、岗位工作标准要求或现实中需要解决的问题确定。明确的课程目标是培训者制订翔实的课程开发与讲授计划的依据，它可以增强学员学习的动力，帮助学员确认培训效果，也可以为考核提供标准。

制订课程目标时要考虑课程的类型、课程的具体内容、课时长度、学员的理解与操作能力。不同类型的培训课程目标各有其特殊性：应试类课程主要用通过率或录取率来检验；理论与知识类课程侧重于要求学员从记忆到理解，从简单应用到综合应用，最终实现创新应用；技能类课程比较关注技能的掌握，可能涉及理解、模仿、简单应用、熟练应用等几个阶段；观念态度类课程侧重于让学员转变态度，接受并认同培训者提出的观念，从而实现行为转化进而内化为其价值观。

课程目标的书写可以引用 ABCD 法：Audience 培训对象、Behavior 行为、Condition 环境、Degree 标准，即“在什么样的环境下做什么样的行为可以达到什么样的水平”。确定课程目标是一项具有创造性的工作，经过培训需求评估后，如何把培训目标转化为课程目标，来指导整个课程编制过程，是课程设计者的一项重要任务。建立培训课程目标的要点有以下几方面：

（1）紧贴需求，课程目标要紧紧围绕培训需求和目的而设。

（2）目标适度，课程目标是学员学习后要达到的知识、技能和态度水平，因此要根据实际情况客观描述，不要过高或过低。

（3）表达准确，课程目标的语言叙述要专业、准确、到位，避免产生歧义。

（4）简化目标，课程目标不要太多，尽量简化。

（5）目标定量，对于技能类课程要将希望获得的技能转化为目标，并尽量用定量的语言陈述，以便可以评估个人和企业应做到何种程度。

（二）培训课程内容的设计

培训课程内容设计是根据需求调研中存在的突出问题确定本课程的主要内容，其目的是按照一定的逻辑关系将课程内容进行组织与合理安排，形成独立的课程，并对课程的重点、难点进行分析，对时间进行合理的分配。内容设计时重点要从企业的培训需求、资源情况及培训项目的安排等几方面考虑。

培训课程设计时应遵循系统性、灵活性、针对性、实战性等原则，可按照以下步骤进行：

1. 课程定位

课程的准确定位是做好课程设计的重要前提。培训者要对学员的心态及知识、技能掌握的状况进行深入分析：对于这部分内容，学员想学什么？学员该学什么？培训师能教什么？培训师会教什么？哪里是学员的强项？这样有深度的分析有助于提高培训内容的针对性、充分发挥培训师的作用，只有在对学员了解透彻的基础上，才能选取合适的教学内容与手段。要注意选择重要性强、学习难度大、发生频率高且目标学员胜任程度不高的内容作为培训的重点。

2. 观点整合

在深入分析的基础上，要从不同角度审视内容，考虑培训对象的独特需求，从中提炼形成培训课程的主要观点。课程一定要有核心的理论框架，要考虑理论的高度、深度与广度，选取理论的要点是：基本概念——准确定义；经典理论——适当选取；问题分析——有根有据；主要观点——提炼总结。

3. 逻辑组织

内容选取之后，按照一定的逻辑顺序进行课程内容的组织与表达。逻辑表达时力求做到：思路清晰、主题鲜明；逻辑合理，层层递进；观点鲜明，论证到位。

4. 结构设计

课程结构设计时首先要确定总的论点和主题，列出分论点或几个部分，分论点或部分中，分几个层次，在每个从属论点或层次中，列出具体材料的要求，并进行合理的时间分配。如图 6.1(a)所示。

由于培训时间和资源的有限性，有时不可能按照课程体系系统学习。如果需要普及性了解时，可以采用横向结构，如图 6.1(b)所示；如果需要对某一方面进行深入解析时，可以采用纵向结构，如图 6.1(c)所示。

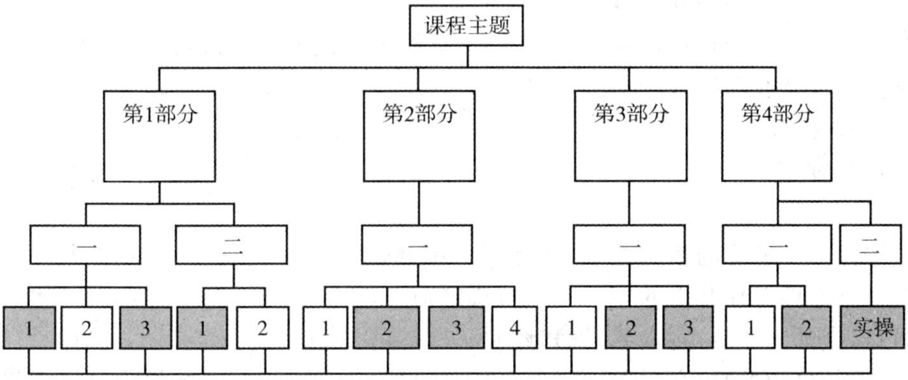

(a)

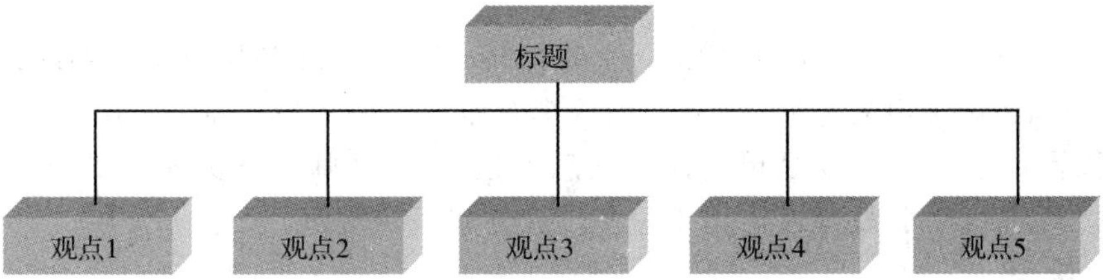

(b)

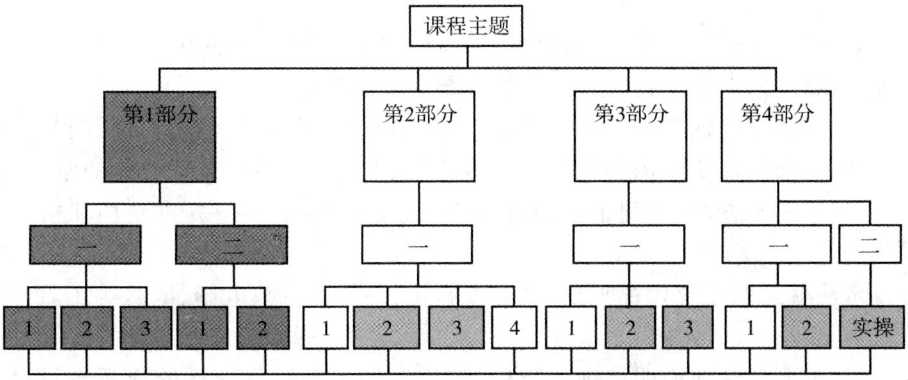

(c)

图 6.1 培训课程结构

(三)培训课程方法的选择

培训效果很大程度上取决于培训方法的选择,培训课程采用何种教学手段与方法,课程的时间规划,课前课后的准备、练习与考核等,都是在做课程设计时必须考虑的内容。不同的培训方法具有不同的特点,各有优劣。要选择合适有效的培训方法,需要考虑到培训项目的目标、培训课程的内容、培训对象的特点及企业的培训资源等因素。选取培训方法时要特别关注传授知识的效率、知识和技能的巩固程度、学员的参与程度、学员解决现场实际问题能力的提高程度;关注提高学员各方面的能力,包括操作能力、动手能力、解决实际问题的能力等;关注培训实效,因需施教、因材施教。

根据成人学习的特点和规律,培训课程应该摆脱以往单纯的讲授式,要注意将课程的内容线与学员的理解线两线并行。引入多种灵活的互动方式,让学员更多地参与,充分调动学员的学习积极性,让学习充满乐趣。这样有助于内化态度的转变率,提高知识的吸收量,增强能力的提高度。

1. 讲授法

讲授法是传统模式的培训方法,是指培训师通过语言表达,系统地向受训者传授知识,期望这些受训者能记住其中的重要观念与特定知识。

要求:培训师应具有丰富的知识和经验;讲授要有系统性,条理清晰,重点、难点突出;讲授时语言清晰,生动准确;必要时运用板书;应尽量配备必要的多媒体设备,以加强培训的效果;讲授完应保留适当的时间让培训师与学员进行沟通,用问答方式获取学员对讲授内容的反馈。

优点:运用方便,可以同时对许多人进行培训,经济高效;有利于学员系统地接受新知识;容易掌握和控制学习的进度;有利于加深理解难度大的内容。缺点:学习效果易受培训师讲授的水平影响;由于主要是单向性的信息传递,缺乏教师和学员间必要的交流和反馈,学过的知识不易被巩固,故常被运用于一些理念性知识的培训。

2. 演示法

演示法是指运用一定的实物和教具,通过实地示范,使受训者明白某种工作是如何完成的。

要求:示范前准备好所有的用具,搁置整齐;让每个受训者都能看清示范物;示范完毕,让每个受训者试一试;对每个受训者的试做给予立即的反馈。

优点:有助于激发受训者的学习兴趣;可利用多种感官,做到看、听、想、问相结合;有利于获得感性知识,加深对所学内容的印象。缺点:适用范围有限,不是所有的学习内容都能演示;演示装置移动不方便,不利于培训场所的变更;演示前需要一定的费用和精力做准备。

3. 视听法

视听技术法就是利用现代视听技术(如投影仪、录像、电视、电影、电脑等工具)对员工进行培训。

要求:播放前要清楚地说明培训的目的;依讲课的主题选择合适的视听教材;以播映内容来发表各人的感想或以“如何应用在工作上”来讨论,最好能边看边讨论,以增加理解;讨论后培训师必须做重点总结或将如何应用在工作上的具体方法告诉受训人员。

优点:由于视听培训是运用视觉和听觉的感知方式,直观鲜明,所以比讲授或讨论给人更深的印象；教材生动形象且给学员以真实感，所以也比较容易引起受训人员的关心和兴趣；视听教材可反复使用，从而能更好地适应受训人员的个别差异和不同水平的要求。缺点：视听设备和教材的成本较高，内容易过时；选择合适的视听教材不太容易；学员处于消极的地位，反馈和实践较差，一般可作为培训的辅助手段。

4. 研讨法

研讨法按照费用与操作的复杂程序可分成一般研讨会与小组讨论两种方式。研讨会多以专题演讲为主，中途或会后允许学员与演讲者进行交流沟通，一般费用较高；而小组讨论法则费用较低。研讨法培训的目的是为了提高能力，培养意识，交流信息，产生新知。比较适宜于管理人员的训练或用于解决某些有一定难度的管理问题。

要求：每次讨论要建立明确的目标，并让每一位参与者了解这些目标；要使受训人员对讨论的问题发生内在的兴趣，并启发他们积极思考。

优点：强调学员的积极参与，鼓励学员积极思考，主动提出问题，表达个人的感受，有助于激发学习兴趣；讨论过程中，教师与学员间，学员与学员间的信息可以多向传递，知识和经验可以相互交流、启发，取长补短，有利于学员发现自己的不足，开阔思路，加深对知识的理解，促进能力的提高；对提高受训者的责任感或改变工作态度特别有效。缺点：运用时对培训指导教师的要求较高；讨论课题选择得好坏将直接影响培训的效果；受训人员自身的水平也会影响培训的效果；不利于受训人员系统地掌握知识和技能。

5. 工作指导法

工作指导法又称为教练法或实习法，是由一位有经验的技术能手或直接主管人员在工作岗位上对受训者进行培训，如果是单个的一对一现场个别培训则称为师带徒培训法，这在企业中较为常用。负责指导的教练的任务是教给受训者如何做，提出如何做好的建议，并对受训者进行鼓励。这种方法并一定要有详细、完整的教学计划，但应注意培训的要点：第一，关键工作环节的要求；第二，做好工作的原则和技巧；第三，须避免、防止的问题和错误。这种方法应用广泛，可用于基层生产工人。

要求：培训前要准备好所有的用具，搁置整齐；让每个受训者都能看清示范物；教练一边示范操作一边讲解动作或操作要领；示范完毕，让每个受训者反复模仿实习；对每个受训者的试做给予立即的反馈。

优点：通常能在培训者与培训对象之间形成良好的关系，有助于工作的开展；一旦师傅调动、提升、或退休、辞职时，企业能有训练有素的员工顶上。缺点：不容易挑选到合格的教练或师傅，有些师傅担心"带会徒弟饿死师傅"而不愿意倾尽全力，因此应挑选具有较强沟通能力、监督和指导能力以及宽广胸怀的教练。

6. 工作轮换法

工作轮换法是一种在职培训的方法，是指让受训者在预定的时期内变换工作岗位，使其获得不同岗位的工作经验，一般主要用于新进员工。现在很多企业采用工作轮换则是为培养新进入企业的年轻管理人员或有管理潜力的未来的管理人员。

要求：在为员工安排工作轮换时，要考虑培训对象的个人能力以及他的需要、兴趣、态度和职业偏爱，从而选择与其合适的工作；工作轮换时间长短取决于培训对象的学习能力和学习效果，而不是机械的规定某一时间。

优点：工作轮换能丰富培训对象的工作经历；工作轮换能识别培训对象的长处和短处，企业能通过工作轮换了解培训对象的专长和兴趣爱好，从而更好的开发员工的所长；工作轮换能增进培训对象对各部门管理工作的了解，扩展员工的知识面，对受训对象以后完成跨部门、合作性的任务打下基础。缺点：如果员工在每个轮换的工作岗位上停留时间太短，所学的知识不精；由于此方法鼓励"通才化"，适合于一般直线管理人员的培训，不适用于职能管理人员。

7. 案例研究法

案例研究法是指为参加培训的学员提供员工或组织如何处理棘手问题的书面描述，让学员分析和评价案例，提出解决问题的建议和方案的培训方法。案例研究法为美国哈佛管理学院所推出，目前广泛应用于企业管理人员（特别是中层管理人员）的培训。其目的是训练他们具有良好的决策能力，帮助他们学习如何在紧急状况下处理各类事件。

要求：案例研究法通常是向培训对象提供一则描述完整的经营问题或组织问题的案例，案例应具有真实性，不能随意捏造；案例要和培训内容相一致，培训对象则组成小组来完成对案例的分析，做出判断，提出解决问题的方法；在集体讨论中发表自己小组的看法，同时听取别人的意见；讨论结束后，公布讨论结果，并由教员再对培训对象进行引导分析，直至达成共识。

案例研究法的优点：学员参与性强，变学员被动接受为主动参与；将学员解决问题能力的提高融入到知识传授中，有利于使学员参与企业实际问题的解决；教学方式生动具体，直观易学；容易使学员养成积极参与和向他人学习的习惯。缺点：案例的准备需时较长，且对培训师和学员的要求都比较高；案例的来源往往不能满足培训的需要。

8. 角色扮演法

角色扮演法是指在一个模拟的工作环境中，指定参加者扮演某种角色，借助角色的演练来理解角色的内容，模拟性地处理工作事务，从而提高处理各种问题的能力。这种方法比较适用于训练态度仪容和言谈举止等人际关系技能，比如询问、电话应对、销售技术、业务会谈等基本技能的学习和提高；适用于新员工、岗位轮换和职位晋升的员工，主要目的是为了尽快适应新岗位和新环境。

要求：教师要为角色扮演准备好材料以及一些必要的场景工具，确保每一事项均能代表培训计划中所教导的行为；为了激励演练者的士气，在演出开始之前及结束之后，全体学员应鼓掌表示感谢；演出结束，教员针对各演示者存在的问题进行分析和评论；角色扮演法应和授课法、讨论法结合使用，才能产生更好的效果。

优点：学员参与性强，学员与教员之间的互动交流充分，可以提高学员培训的积极性；特定的模拟环境和主题有利于增强培训的效果；通过扮演和观察其他学员的扮演行为，可以学习各种交流技能；通过模拟后的指导，可以及时认识自身存在的问题并进行改正。缺点：角色扮演法效果的好坏主要取决于培训教师的水平；扮演中的问题分析限于个人，不具有普遍性；容易影响学员的态度，而不易影响其行为。

9. E-learning 培训法

E-learning 培训法即企业内部电脑网络培训法，是一种新型的计算机网络信息培训方式，是指企业通过内部网络，将文字、图片及影音文件等培训资料放在网上，形成一个网上资料馆，通过网上课堂的形式供员工学习。这种方式由于信息量大，新知识、新观念传递优势明显，更适合成人学习，因此特别为实力雄厚的企业所青睐，也是培训发展的一个必然趋势。

要求：适用于企业内部自学，要求具有一定的人员规模，授课频繁；对培训内容的时效性要求不高，重复性要求较强；由于培训对象人数较多，要侧重基础内容的培训；对受训者的学习习惯、学习方式和学习理念有一定要求。

优点：实现随时随地学习，受众范围广；使用灵活，符合分散式学习的新趋势，学员可灵活选择学习进度，灵活选择学习的时间和地点，灵活选择学习内容，节省了学员集中培训的时间与费用；在网上培训方式下，网络上的内容易修改，且修改培训内容时，不须重新准备教材或其他教学工具，费用低，可及时、低成本地更新培训内容；网上培训可充分利用网络上大量的声音、图片和影音文件等资源，增强课堂教学的趣味性，从而提高学员的学习效率。缺点：网上培训要求企业建立良好的网络培训系统，这需要大量的培训资金；主要适合知识方面的培训，一些如人际交流的技能培训就不适用于网上培训方式；满足个性化培训的难度较大。

（四）课程设计成果的形成

经过课程目标的确定、课程内容的设计和培训方法的选择三个环节，培训课程设计工作需要产出几项成果：培训课程大纲、授课课件（PPT）、案例集、学员手册、培训师手册。

其中，培训课程大纲主要涵盖以下几方面内容：课程名称、课程目标、培训对象、培训方式、培训时间、培训场地、课程特点、培训内容等；培训师手册是培训者讲解课程的参考资料，用于指导培训者将教学内容和学员情况有效结合，高效完成培训任务，主要内容包括：授课目的、授课时间安排、教学方法与技巧、解决学员问题的技巧、案例的引用和分析等。

（五）培训课程的试讲研讨

培训课程初步设计完成之后，需要进行小规模内部试讲，按照正式授课的要求开展示范课教学。最好选择不同层级、不同部门的人员参加试讲，包括内部培训师、被培训者代表、外聘培训专家、培训管理人员等。试讲的次数需要根据培训对象、培训者的水平来定。通过前期调研，已经对培训对象进行了基本分析，根据培训对象的工作领域、能力现状或学历层次等划分类别，针对不同类别分别开展示范教学，以全面了解学员意见。试讲关注的内容主要是授课风格是否恰当；授课逻辑是否严谨；授课方法是否得当；课程内容是否适用；课程时间是否合理等。

课程试讲完毕后，组织学员召开课程研讨会，引导学员反馈对课程的意见，试讲人员汇总后实施课程修改和完善。培训者的水平在很大程度上影响学员对于课程的反应，因较多学员从主观角度评价课程，而培训者授课效果直接影响到学员对于课程的感受，容易将对课程内容的意见与对讲师的意见混为一谈，所以选择合适的培训者更有利于培训项目负责人准确把握课程优化的方向。同时，在听取意见时，要有选择性地考虑学员的意见，并充分考虑组织对培训的要求。

（六）培训课程的提升改进

根据培训课程试讲研讨的汇总意见和建议，课程设计者要进行论证，确定可行因素，否定不可行的部分，并对课程进行提升改进。培训课程提升改进的主要内容包括：课程标题的完善、课程内容的调整、课程结构的优化、课程时间的调节、授课技巧的提升、授课风格的转换及授课方式的改变等。如果是一个多次执行的课程，每一次执行效果的评价要反馈到下一次的设计，作为一个环境的需求因素去考虑。

三、培训课程设计的要点

(一)将潜在的问题充分展现形成螺旋式上升的闭环

潜在的问题正是培训需求的来源，但学员很可能没有意识到，甚至认为自己没有问题。必须在培训之初，通过提问、测试、案例研讨、游戏等多种方式启发学员的思维，使其将问题展现出来。培训者在此基础上进行总结分析，这样有利于后续课程展开时提高学员的接受度和吸收率。因此，在培训课程设计时常采用四步结构式(图 6.2)的方法，最具有实用性、培训效果最好，但对培训者的要求也最高。所谓四步结构式是指：第一模块“自我检视”，即通过游戏、测试等方式，帮助学员发现工作中存在的问题和思维上的误区，激发学员的学习欲望，使其实现正确的自我认知；第二模块“理论指导”，即在自我检视的基础上为学员提供解决问题的科学方法和理论依据；第三模块“实战演练”，即通过操作实训等形式使学员的认知与理论得以全面实践；第四模块“总结反思”，即通过课题研究、交流探讨等形式使学员联系工作实际，将学习所得进一步升华，深入反思自身距离学习目标还有哪些差距，应该在哪些方面继续努力，并与第一模块“自我检视”形成闭环，建立起螺旋式上升的学习模式。

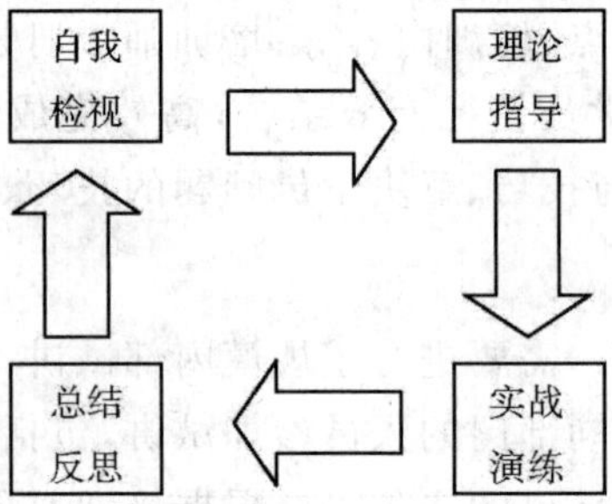

图 6.2　培训课程设计的四步结构式

(二)将抽象的内容变得生动形象

培训课程的内容往往比较抽象，为了便于学员理解，培训者可以通过最直接、最精炼、最准确的一句话来表述内容；通过寓言、笑话、游戏、模拟表演来传达内容；通过对问题、案例的剖析来启发内容；通过联想、对比来强化内容；通过数据、图表、实例来证实内容。总之，课程设计要丰富、生动、具体，使学员愿意并容易接受。

(三)使课程内容贴近实战

本着培训要为企业服务的思想，培训课程必须紧紧围绕企业的需求而设计。因此，培训者应该经常从各种渠道了解企业，时刻把握企业发展的脉搏，了解领导对培训工作的要求，了解学员的心态、知识与能力的水平，从实践中收集现货的案例。针对企业目前存在的问题，培训者要结合实践中发生典型事例向学员讲解相关的理念、原理等；要系统总结工作中可能遇到的典型问题、常见问题，并尽量给出解决这些问题的可操作的方法；尽量多的向学员提供面向日常实际工作的操作流程和评价标准。只有这样的培训课程才会有很强的针对性，才会受到学员和企业的欢迎，因此培训课程的设计一定要考虑与学员工作实际的结合度。

总之，设计一门培训课程是一项系统工程，应注意掌握以下几个要点：观点与原理的确定——精炼、准确；关键与重点的把握——突出、得当；框架与结构的搭建——简洁、逻辑性强；素材的搜集与运用——丰富、新颖；时间分配与安排——合理、松弛有度；课件的设计与制作——专业、精良；教具的准备与演练——细致、周到。

课后讨论

1. 培训课程的特点是什么？
2. 培训课程分为哪几个类型？
3. 什么是 E-learning 培训法？它的优缺点分别有哪些？
4. 在设计培训课程时，应注意哪些要点？

第七章　培训教材开发

重点问题

- 培训教材编写的注意事项
- 培训教材开发的方法、步骤
- 培训教材的选择方法
- 培训教材开发的新理念
- 培训教材开发的新趋势

关键术语

- 培训教材
- 教材设计
- 新培训教材
- 智力开发
- 学习型组织

第一节　培训教材开发概述

一、培训教材的准备

培训教材主要是指培训大纲和讲义，也包括培训参考资料等。培训教材是学员在培训期间获取知识、提高技能的重要工具，也是培训进行的具体依据，是培训管理者衡量培训质量的重要标准之一。

（一）准备培训教材时必须考虑的因素

(1)课程内容的差异性。

(2)培训对象的差异性。

(3)培训对象的兴趣与动力。

(4)培训手段的可行性。

（二）培训教材的来源

培训教材是影响培训效果的关键。培训管理者可以通过以下途径准备培训教材：

途经一：购买现成的教材。现在市面上各类学习资料很多，内容也非常丰富，可以直接选用。但是选取这样的教材一定要注意，不是那种大而全的培训方案就一定好，有时候，就某一特定问题编写的书，往往更有效果。途径二：改编教材。现实中仅偶尔可以找到能直接使用而无须修改的现成教材，但即使是教材适合需要，也会因参训着的不同需要而不得不进行某些修改。途经三：自编教材。如果要进行大量教学和培训工作，或者希望自编高质量的教材，那么就要搜集相关资料，请教专家，把想法转变成具体的教材。

（三）教材设计的必要性

企业培训由于目标、性质、任务、要求和对象的特殊性，往往现成的合适的培训教材并不多见，对于企业的各种培训而言，这是一个棘手的难题，也是组织培训需要解决的核心问题。企业的培训教材与一般意义上的培训机构的教材有所不同，有其特有的规律性。除了有选择地在书店购买部分相对适用的书籍之外，市面上一般没有特别为企业培训编写的专门教材，相当部分的教材需要由企业培训主管，以提高员工岗位职业能力为目的，根据培训的具体要求，组织人员设计编写，以满足企业培训的需要。

（四）教材设计的涵义

"设计"是指建立在分析与综合基础上深思熟虑的精心规划和预先制订。其特点：第一，以目标为指向，确定目标是设计中必不可少的第一步，清楚地说明目标，有助于保证目标的价值和参与者的正确理解，提高成功的可能。使一些可能的问题得到预先分析和解决。第二，节省时间和精力，一些价值不大的计划、方案在实施前就被淘汰，设计要选择的是达到目标的最佳方案或途径。第三，减少使用者的压力，精心的设计会使实施者更加得心应手、充满信心。设计通常以问题的沟通为起点，以解决问题的实施计划或方案为终点。"教材设计”是解决培训教材的目标确定和教材内容的选择及组织等，即教材的实质性结构、教材基本要素的性质，以及目标、内容、学习活动及评价程序这些要素的组织或安排。当然，并不是所有的教材设计都应包括上述全部要素，在实际操作中，各个要素的侧重点会因培训具体情况的不同而不同。

（五）培训教材的编写

培训教材的编写就是对教材内容再加工的过程。在这个过程中教材编写者选择确定教材内容后，要根据培训要求和课程特点，结合学员的具体情况，对培训内容做出有利于实施培训的处理，选择最合适的表达方法和顺序以保证学员能有效地进行学习。要考虑培训的时间周期、任务要求、质量目标等因素，注意解决好教材编写效率问题，尽力适应企业培训“短、频、快”的要求。为此，培训教材的编写应注意以下几点：

(1)保证科学性，在“点”和“面”上下功夫。把支撑培训内容的要点，有详有略地展示给学员，解决好“点”和“面”的关系。“面”即某个知识的全部内容，“点”即某个知识的关键点、重点和难点。“点”要详，“面”要略，以“点”带“面”，“面”中布“点”。要加大培训的知识密度，提高知识传授的速度，编写中必须处理好“点”和“面”的关系，要选准切入“点”，找准突破“口”。

(2)紧扣技术性，在“活”和“新”上多努力。所谓“活”，就是根据不同的对象，根据不断变化的要求，把岗位职业能力的需要具体化为一系列培训模块，灵活、适度地调整培训内容。要根据每次培训中的不同培训要求、不同培训层次、不同地区的学员情况、不同的学时要求，用不同的培训模块组合成培训教材。所谓“新”，就是要充分考虑到所选教材内容一般相对滞后这一实际情况，编写教材时则要及时准确地吸取和反映现代技术和工艺进步的成果。

(3)强化时效性，在“大”与“少”上花精力。从培训实际情况来看，人们常听说培训课时少，培训容量大。这里“少”是事实，但“容量”中应容纳什么样的量，“大”到什么程度为好，需要认真加以考虑。要以实现培训任务为目标，考虑到培训课时较少的实际情况，有目的地从解决培训效率着眼，经过适当的分解、取舍、补充、组合、归纳、整理等编写技术，从容地化繁为简、化难为易、深入浅出，对教材内容进行编写再加工，提高对教材内容的驾驭能力。实现潜移默化之中使学员消化所学知识，不动声色之中使学员增强解决问题的能力的培训效果。

(4)加强针对性，在“运用”环节上做文章。培训活动的基点是如何使受教育者获得从事其特定职业（或岗位）所必需的某种程度的知识和技能。要解决好“是什么”、“为什么”和“怎么做”的关系。“是什么”是指明确事物的知识；“为什么”是指事物的基本规律和基本原理；“怎么做”是指做一件事的基本方法和基本程序。对于一个在生产及管理岗位工作的劳动者来说，必须知道“为什么”及与之联系的有效地使用知识，即“怎么做”。要少讲“是什么”，多讲“为什么”，抓住“怎么做”。在讲“为什么”的过程中，贯彻“怎么做”，以提高学员运用知识解决问题的能力；在讲“怎么做”的方法时，注重清晰度和可操作性，给学员一个明明白白的讲解。

(5)增强实践性，在“案例”选择上使点劲。在教材编写过程中，教材编写者要落实因材施教的培训要求。这里“材”的一个含义就是教材内容的特点。要根据教材内容的特定尽可能得使用案例进行说明，增强培训教材的吸引力和可读性。在“案例”选择上要在尊重科学、尊重教学规律的前提下，结合企业经营管理和生产实际及学员学习中遇到的各种问题，确定最适合的案例(包括实际操作)。所选案例应当积极慎重,应该是权威部门和有关专家的成熟意见,而不是个人的看法,应该是经过认真思考后筛选出的,而不是个人信手拈来的。帮助学员理解理论观点的事例应该是生动的、热点的。注意把学员个人或学员单位解决生产问题的案例引入到培训教材中来,善于把学员解决问题的好方法、好思路引入到教材培训中来。

(6)提高通俗性,尽量做到"雅俗共赏"。教材应是通俗的,尽量降低理论性,能为大家所理解,以便企业内部培训主管、培训机构、培训讲师、学员、生产经营单位等都能参与培训教材目标的实施。要根据培训要求和课程特点,结合学员的具体情况,对不同的教材内容,选择最合适的表示方法来表现对教材内容的处理结果,通过运用行之有效的方法和顺序,以保证学员能有效地学习教材内容。这大概也是编写培训教材的初衷。

(7)落实计划性,在"按时完成"上花力气。是否能按时完成教材编写任务,满足培训前供书的基本要求,是直接关系到培训能否顺利进行的大事。因此,要对教材编写工作投入多少力量,如何分工协作,花多长时间,什么时间完成,怎么进行审核,能否满足培训时间要求等问题做出周密的计划。切忌心中无数,仓促上马,边印制教材边培训的忙乱现象。

二、培训教材的开发方法

教材开发设计模式表现形式很多。在此,仅以开发常用文字材料为主的教材为例,介绍以下几种方法。

方法一:培训者自编自制教材。自编自制教材能最大限度地适应培训科目要求,充分满足培训课题所需,能较好地做到理论结合实际,针对性强。根据学习者需求情况,材料内容可灵活编排,篇幅可长可短,培训素材可多可少。另外,自编或自制教材可以借助计算机制作多媒体课件,这是现今较好的一种教材形式,但编写制作起来难度较大,需培训者有较高的计算机应用能力。

方法二:补充或充实现有教材。对现有教材进行分析,若发现教材不能完全适用或局部存有缺陷,可以采取补充编写部分新内容的方式充实现有教材。

方法三:借用现有素材。有些专业通用性强,与相邻相近专业在知识和技能上有很多共性要求,此类教材可以借用现有素材,结合自身特点进行补充性开发。

方法四:选用其他相关教材。

方法五:集体合编。当教材涉及范围广、内容多且复杂时可以组织或发动有关领的专家、学者,借用集体的力量多人编写。合编时要注意把握教材结构,避免前后内容叠等问题。

三、培训教材开发的步骤

按照信息论的观点,我们可以把教材视为信息记录和输出的载体。那么教材开发设计工作就是根据培训项目、培训课题的内容与要求,组织搜集相关内容信息,设计信息记录形式、输出方式和传输途径,记录存储信息,供教师教学选用。教材开发设计具体内容如下:

(一)搜集教育培训素材

搜集时要注意界定素材的涵盖范围,根据职业培训项目目标的需求确定内容,并归纳整理分类,以备编排选用。

(二)设计信息存储和输出形式

由于不同存储和输出形式的教材其结构形式不同,可开发设计不同的表现形式,如音像、图片等。

(三)根据教材存储形式设计、开发相应传输形式的教材

(1)设计开发以听觉为主要传输信息形式的教材。主要有录音教材、广播教材。

(2)设计开发以视觉为主要传输信息形式的教材。主要是书本教材、实物、图片、相片等。

(3)设计开发通过视听觉传输信息形式的教材。常用的有电视片教材、电影片教材和录像带教材等。

四、掌握教材的编辑方法

(一)讲授法教材编辑

讲授法是目前应用最多的基本授课方法。讲授法教材数量最多,内容最广泛、最丰富。讲授法教材的基本形式是书籍和其他类型的方案资料,或表格、挂图等。此类教材的编辑已形成相对固定的模式,一般常用篇、章、节的形式,依据内容多少可编得薄厚不一。编辑此类教材时要注意,篇章篇章布局要体现系统结构与层次结构的合理性,正确反映教学内容的内在逻辑关系,还要符合学员的认知习惯和规律。

(二)多媒体教学法教材编辑

多媒体教学法教材主要指幻灯、电影音像材料和多媒体教材。此类教材可与讲授法教材相配合。此教材的编辑开发,要注意具体说明两部分内容:一是对教学的结构性说明,二是对视听媒体的应用说明。如配加解说词,或对照视听媒介中间穿插引进说明。

(三)角色扮演法教材编辑

角色扮演法培训模式近几年才逐渐应用起来。这类教材主要是剧本式教材,有角色扮演指导大纲、道具和需用材料。要预告设定培训分目标,用以指导教材编写活动过程。具体内容包括:剧情简介,需用方案说明;角色分派,要有简要指导性要求;如何建立活动气氛,即现场环境的引入方法,对服装道具、音响、灯光的要求等;对角色扮演者的指导方法;拟向角色提出的问题;突发情况或随机问题的预案;结束仪式的设计。此类教材因与传统法所用资料差别较大,而且费工费时费力,难度较大,要谨慎选用。

(四)案例法教材编辑

案例教学法是由美国哈佛大学首创的,在美国及世界各国普遍受到重视和欢迎。它的做法是围绕一定的培训目的,把实际工作中的真实情景加以典型化处理,形成供学员思考分析的案例,通过独立研究和相互讨论的方式,来提高学员分析问题和解决问题的能力。这类教材的编辑编写过程主要包括确定目标、搜集信息、写作、检核和定稿。写作要按照一定的结构形式,将搜集到的信息组合起来,形成案例。写作通常以第三人称来描述,情节要忠于事实。有时信息的采用还要征得有关机构或人员的同意。写好的案例要请有关人员或其他方面的专家检核内容表述是否清楚和真实,是否具有典型性和代表性。

（五）成套系统培训法教材编辑

此类教材范围广，涉及专业面、知识面宽，开发时要注意将着眼点放在教材总体安排上，重心是总体框架设计和各环节的衔接，还要逐项落实专业负责人采选、编写、制备，做到总体运行有序，衔接紧密，不出任何疏漏。

五、培训教材的选择方法

培训教材的选择方法主要包括以下几种：

（一）就地取材法

就地取材法的基本做法是通过调查了解情况，搜集系统内外与教育培训有关的信息，就近、就地寻找可供直接利用的培训资源或素材资料。首先了解系统内有无可选用的培训资源，再了解系统外市场上可供选用的资源。

（二）照章实施法

在按行政部门规定内容组织培训时，有时行政部门不仅规定了培训内容，还规定了专用教材，这种培训活动所用教材直接从指令部门购买即可。但要注意，指令部门是不是合法单位、有无指令资格等。

（三）移花接木法

有些新职业的培训，如家政业、工程监理、家庭装修监理人员培训等，由于培训活动先于教材，而培训活动又不能等待教材，这时教材的来源主要有两种渠道：一是寻求相近或相似的教材，选其中有用的知识点和技能点，俗称“移花接木”；二是“移花接木”与编写补充材料相结合。

（四）拼接法

拼接法与移花接木法类似，并无本质差异。由于某些类型人员的培训需要相对较完整的知识、技能结构，需将大块系统化知识技能拼接在一起。如对机电一体化机器操作人员培训，其知识结构由三大块构成，既要精通机加工知识，又得精通电工和计算机知识，还应具备通过计算机编程来调控机器进行机加工生产的能力。这种类型的培训属于跨专业领域的综合性知识结构能力类培训，培养的是复合人才。开展此类人员的培训，在处理教材问题时，要较系统地了解相关系列教材，掌握受训人员所需知识结构和应具备的能力结构，再敲定各块需拼接的内容及其衔接顺序。

（五）原汁原味法

一般而言，开展法律法规、条例制度培训，开展新专利技术、新科技知识应用培训，开展企业中的最佳操作法、最佳服务模式培训等，可采取“原汁原味法”教材选择法。所谓原汁原味法是指在开展培训时，完全应用或引用有关培训的原文、原件、原本知识技能或本人的经验作教材。也就是说，可以用法律法规制度的原文作教材，可以引用有关方面的国内外原版书籍或文件作教材，也可以采用某些典型事例、案例和某人的经验介绍作教材，还可以将有关方面的原文科技读本、专利文本直接用于培训教学。此法的关键在于对“原件”的选择确认上。

(六)案例收集法

对于一些采用研讨形式、案例教学形式的培训,可用案例收集法选择教材。所收集的案例素材可以是单一项目案例,如某单位采取有效措施,改进企业绩效而实现增收节支效果好的典型事例;也可以是单一问题案例,如将某一产品质量问题的解决方案措施作为素材;还可以是系列案例,如事故分析材料。搜集的渠道有传统的方法,如现场搜集、在已有材料中搜集;也可通过现代方法,如网上搜集等。

教材的选用方法和技巧是灵活多样的,切忌千篇一律,采用某项单一的方法。应特别注意的是,随着社会发展和技术的进步,还会出现一些新的方法和技巧。另外,培训工作者选用教材的经验也很重要,要注意总结发扬,确保选用教材的质量。

六、常见的教材研发方法

为了满足不断变化与发展中的培训活动需要,培训教材也应不断更新,做到与时代步伐相适应,与教育培训相协调。随着职教时空领域的拓展,教材的研发制备就显得更加重要和紧迫了。为了做好这项工作,现将教材研发方法介绍如下。

(一)科学法

就是依照科学的思想态度,采用合乎科学客观规律的方法指导教材研发工作。科学法随应用情况的差异,又细分为四种作法。

(1)科学归纳法。就是将与培训专题相关的零碎不全的资料信息,按一定的模式归纳整理,并进行加工提炼后,形成序列和专题,经过反复加工,用适当媒介记录下来,论证后形成培训教材。如企业安全培训教材中,有些内容就是对若干事故的归纳提升后形成的。

(2)科技同步法。指培训教材的开发要紧随科技前沿最新发展,将业已公开的最新科技资料,如使用说明书、文献资料、专利技术、操控说明等,经过适当的修改、编辑或加工,形成一份很好的培训教材。对企业的设备维护人员和使用人员,计算机软、硬件设计与使用人员的培训教材开发可用此法。

(3)科研法。对于一些前沿科技培训,可以采取组织、参与科研活动等方式进行研发。科技含量高,而又存有不稳定、不确定因素的内容,通过科学实验予以确认,对科研过程进行详细观察、记录、整理、归纳,最后形成了教材。

(4)科掌预测法。通过组织专家、学者等权威人士,对某些专业和某些培训科目课题的未来发展趋势,进行广泛的适度超前的讨论分析,最终达成共识,编写所需教材。

(二)经验法

就是广泛了解、收集社会各界与培训主题有关的好经验、好做法、好举措,并将这些经验整理、汇编、归纳、演绎,提炼成适用教材。

(1)经验总结法。将工作中的创造、发明,及技能大奖获得者的岗位技能经验、案例、急处理方法等进行系统整理、归纳,去粗取精提炼后,整编成教材。

(2)交流研讨法。就某一领域展开双向或多边、多领域学科的经验交流。将交流后的经验、观点、理论、做法,再经分析论证,取其有关部分编辑成为培训教材。

(3)案例转型法。当今案例教学已是一种极其普遍的教法。对于职业培训教材,也可以从大量现实案例素材中汲取营养。广开视野，大范围搜寻各类行业和企业的案例，可以为教材开发提供很好的素材，并经专家加工后，形成有价值的系列教材。

（三）网络法

网络时代，利用网络平台、网络媒体开展培训教材的研发是一个新的方法。主要方法有以下三种：

（1）网络编辑法。对于跨国或跨地区的组织，为了开展好相同主题的培训，可采用此法组织不同地域的专家学者研发教材。此法的关键是组织协调各方关系，收集全部意见和建议，搞好网络汇总。

（2）网上收集归纳法。教材编辑者主要是以网上收集世界各地素材，如他国政府的、大学的图书馆藏资料等，下载收集后，再进行编辑。此法可极大丰富教材内容，使之与时代保持同步，甚至可收集到世界各地的即时信息，充分体现教材的现时性。

（3）媒介编辑法。其不同于多媒体法。媒介编辑法就是根据某一个培训专题内容，向四面八方广开信息渠道通路，面向社会各界、各领域，利用各种媒介收集教育素材或信息。媒介可以是报刊、杂志、历史文献资料、广播、电视信息、图书资料等。

第二节　新培训教材开发

一、新培训教材的显著特点

体现时代性：职业培训要技术引进新知识、新技术、新工艺、新方法，才能跟上经济和社会发展的时代步伐，才能让学员尽快适应和熟悉行业的发展、社会的发展。

体现发展性：新培训教材是针对新职业、新培训课程而产生的，因此，在内容形式的安排上，不能只立足于眼前的基本情况，还要考虑这一职业的不断发展对于职业内涵和培训工作提出的新要求。

体现创新性：新培训教材的创新性是全方位的，包括教材的开发理念和技术方法创新，也包括教材内容和表现形式的创新。创新是新培训教材的主题。

二、示范性培训教材开发的原则

原则一：以企业新技术、新技能发展需求为导向，以突出职业能力培养为核心。

原则二：要充分利用新技术、新方法去开发示范性的教材。如岗位能力测评技术等现代技术，对新教材开发可提供有利的技术支持。

原则三：内容精选的个性化。示范性培训教材的内容针对性要强，要体现个性化培训的发展趋势。个性化越强，越符合职工要求，同企业贴得越紧，培训效果就越好。

原则四：表现形式要更加灵活。示范性教材不采用统一的格式和模式，而是充分与培训活动的实际特点相结合。

三、培训教材开发的新理念

(一)适应现代培训理念

现代培训是由组织开展的周期短、见效快、效率高、针对性强、方式灵活的培训。能快速增进知识,强化个人技能,调整价值观念,改善行为方式,增强团队竞争力和提高从业人员的素质与能力。这些特征决定了对培训教材的要求。在培训教材开发过程中,要树立与之相适应的理念,即短、快、变、新、灵的理念。短,即教材要适应培训周期短和短期培训的特征,不断开发出新的内容简炼的教材;快,即要注意教材开发的时效性,要与组织培训活动保持同步;变,教材内容要随环境变,随组织工作专题变,随组织工作重点变,随新科技在组织中的应用变;新,教材的内容要不断补充新知识、新技能,必要时还应组织专人及时编辑出适用急需的新教材;灵,教材形式灵活多样,要有较强的智力启迪性和趣味性。

(二)树立可持续发展的理念

当今社会强调可持续发展,而人是可持续发展的核心。要实现人的可持续发展,必须抓好人的持续教育和持续学习,并与国际社会所倡导的"学习型组织建设和终身学习"结合起来,与注重人的可持续发展和人的全面发展相结合,强调教育的可持续发展。只有教育自身实现了可持续发展,才能实现社会可持续发展的宏伟目标,因此,要树立教育培训适应可持续发展的新理念,要组织并落实好教育培训持续发展的各项工作。为了促进和实现这一理念,广大职业教育培训工作者要时刻保持清醒的头脑,用敏锐的目光关注社会政治经济的持续变化,不断寻找可供培训的资源及需要培训的项目课题。

(三)树立适应智力开发的理念

长期以来,人们习惯于用纯功利的价值观对职业教育功能进行分析,往往注重知识技能的开发,而忽视人的智力开发,忽视学习者的主动性、创造性和独立性开发。日本著名教育家岸根卓郎说:"人类的大脑存在个人水平的差异,也存在性别水平差异。因此开发这种大脑差异的教育才是真正的教育。"因而,开发大脑差异也是职业教育培训的真正任务。智力开发是把受教育者作为主体,作为一种资源,在开发的基础上,根据人的差异,对人的潜能和创造力进行培训,目的是追求对普遍适应和应变能力的掌握,使受教育者成为一个全面发展的人。由此我们可以看出,现代职业教育由技能培训转向智力开发是明显的转折。我们在教材研发方向上也必须体现这一新理念、新特征。这就要求职业教育工作者在研究开发新教材时,树立以人为本的观念,着力于人的全面发展,尤其是要开发培养人的开拓能力,创新精神,培养人的适应性、独立性和极强的创造性,这应成为示范性教材研究开发的指导思想和主题。

(四)树立服务于终身学习的理念

现代培训理念区别于传统教育的一个明显标志,就是从终结性学习向终身性学习转化。虽然仅一字之差,但意义相距甚远,它决定了教材研究开发的发展趋向。近代,由于科技的飞速发展,社会进步加快,企业竞争日趋激烈,企业及各类组织为了自身的生存与发展,纷纷寻求新的发展机遇和新的增长点,这其中,人们发现对组织成员不断进行开发培训,充实他们的能力来满足企业获得新的支持力和经济增长的有效措施。与此同时,社会成员个体也发现,个人若要立足于社会，也必须不断学习充电，才可能延长个人事业生涯。组织与个人两者在学习这一问题上已形成共识，所以，全员培训和终身学习已是各国社会各阶层的共识。

随着我国加入 WTO 后的进一步开放，终身学习的理念显得更为必要。原来我们自认为已经十分熟悉的环境、行业，突然生疏起来，甚至不可驾驭，许多从未遇过的问题、从未出现过的事物正在不断涌现，旧有的经验和知识已显得不够。客观上的变化促使社会各阶层人士都面对这样一的一个事实：学习不再是学生们的专利，全社会都需要再学习。江泽民同志也曾经多次告诫全党干部和广大人民群众，要坚持学习、学习、再学习，以迎接新形势、新挑战。作为职业教育战线上的广大工作者，我们也必须树立起终身学习的理念，并身体力行，实践这一理念，为营造全社会的大学习环境贡献我们的力量。为此，我们应坚持做到：时刻以临战状态观察社会，关注组织的动态变化，及时分析组织新的培训需求，针对组织和个人的要求，研发新的教育培训素材，采用适当方式及时为组织和个人提供优质服务。我们要牢固树立职业教育培训的与时俱进、共同发展的理念. 只有这样，才能研究开发出好的、示范性的教材，适应培训事业发展。

四、培训教材开发的新趋势

(一)教材研发无纸化趋势

传统培训教材大都采用文字书面形式，既受撰稿写作、排版、印刷、发行等多环节制约，又受印张字数成本限制，已远远不能满足现代培训的客观需要。由于现代科技的普及推广，教材形式已变得丰富多彩起来。教学中声、光、机、电的应用，使得单纯讲解面授法教学显得不合时宜起来。越来越多的有识之士，认识的今后教材的无纸化将是一个趋势，即使是书面文字也可以不再以纸张为载体。随着音像教材、多媒体教材、网络教材的普及，仅发几张通知和简单的教学进程安排，就可以开班办学将成为很普遍的现象。无纸化教材之所以流行起来，是因为它有传统教材所无法相比的优点。现代职业培训要求的是周期短、内容新、针对性强、方式灵活、个性强的培训形式，传统的一人一本书、听大课的模式无法适应。目前常用的无纸化教材有：音像教材、幻灯教材、多媒体教材。有人预言，无纸化教学和学习中心的建设将成立取代传统培训的发展方向。

(二)教材多媒体化趋向

在传统教学活动中，人们重视的是利用人的听觉，大量的课程设计也使学习者“听着学”，引导学习者倾听教师的语言讲解。即使是利用了电化教学手段，也多是让学员听电视里教师授课内容而已。

近年来许多研究表明，惟有把学习者的听觉、视觉、触觉等器官功能综合利用，才有可能取得更好的学习效果。人在获取知识时，不同感官的功效大不一样：人的味觉约占 1%，触觉约占 1.5%，嗅觉约占 3.5%，听觉约占 11%，而视觉可高达 83%。由此可见，通过视觉接受知识效果大大高于其他途径。若将视、听觉结合起来，接受知识的效果当然更突出。教育者的任务就是要设法利用一切有利于学习者吸收知识和提高理解力的手段与媒体，充分发挥并调动学习者各个器官通道的功能，尽可能有效地传输信息，使学习效果达到最优。自 20 世纪 90 年代以来，多媒体技术的研究成果在教学领域的应用，使教学手段的改革得到长期发展。一些以前认为是不可能或不现实的教育培训策略，已经在今天实现。研发制作大量的多媒体教材，改革传统的教材模式，已是教育改革发展的历史必然趋势。值得一提的还有，多媒体概念和多媒体手段本身也有一个发展与拓宽领域的问题。因为初期的多媒体大多数是用一台计算机，辅以图片文字及教师的现时讲解，其效果已然比传统教法提高了许多。但事实是，多媒体的功能远不止此，仍需大力开发。现代多媒体教学所需多媒体教材，既有声、图、文字表述，还可设计一种环境，用计算机加以控制，借助人工环境场景对人的其他感官施加影响，如皮肤触觉、立体视觉、平衡感，以进一步提高培训的效果。这种培训模式已在一些领域得到应用，如模拟驾驶、模拟飞行、机器设备的模拟操控，其仿真效果可大大提高培训成效。但因多媒体素材辅助设备制备费工、费时、费力，还要大量投资，目前推广应用还有些不合时机。但这一发展趋向是不可逆转。随着社会经济环境的变化，国家经济实力的提升，多媒体教学、多媒体教材开发又会跃上新的台阶。

(三)网络教学及网上教材趋向

随着世界互联网的开发应用，网络教学已成为可能，网上教材研发自然也被提到教育者们的议事日程上来。当前，越来越多的国家和地区通过网络来进行培训教育活动。网络教学可不受时间、地点、地域限制，可扩展到全社会，是真正意义上的开放办学和开放性培训。网络教学可以跨国界、跨地区、跨企业。网络教学可以有两种形式：一种是自建局域网站，组织内部利用现代卫星通讯设备或有线光缆传输设备实现远距离培训；另一种就是直接利用国际互联网做平台，实现不同区域内更大范围的远程教育培训。不管用何种网络形式组织开展培训，都需要解决网上教材问题。目前解决教材问题有两种做法：一种是由教育培训者编辑制作网上教材(制作形式大都为多媒体课件)，定时向学习者发送，学习者按约接收学习，并且还可以将学习中的问题、学习情况及效果通过原途径发回教育培训网站。这种培训方式较好地解决了不同地区和异地工作人员的培训学习问题，使分布在不同地点(甚至世界不同国家)的员工可以同步接受教育培训，真正实现教育培训的国际化。另一种是由教育培训者提出问题、提出要求，指出解题思路，要求学习者自己向互联网寻求解决问题的法。换言之，就是由学习者自己上网找素材，整理归纳并提出个人学习研究的心得体会。这是一种颇具挑战性的培训方式，它能充分利用网上资源，也能充分调动学习者的主观能动性、创造性。这对于开阔学习者的视野，提高他们分析、认识世界范围内政治、经济问题的能力都具有重要意义。

总之，随着职业技术教育事业的发展，教材的研发内容也会更加丰富。一些新观念、新做法，对教材开发的要求也会越来越高，培训师只有不懈地研究、分析新的变化和新的需求，不断捕捉新的发展信息，教材研发工作才会伴随职业教育事业的发展，进入广阔的天地和领域。

课后讨论

(1)培训教材编写的有效方式。

(2)新培训教材的编写方式。

(3)培训教材开发的新趋势。

第八章　培训方法与技术

重点问题

- 常规的培训方法
- 影响培训方法选择的主要因素
- 应用新兴技术培训的类型
- 多媒体远程培训的特色
- 传统培训与应用新兴技术的培训之区别

关键术语

- 培训方法
- 培训技术
- 新兴培训技术
- 多媒体远程培训
- 讲授法
- 角色扮演
- 管理游戏法
- 案例分析法
- 计算机辅助培训
- 互联网培训
- 内部网培训
- 多媒体培训
- 远程培训
- 虚拟现实
- 智能指导系统

第一节　培训方法

一、常用培训方法介绍

培训主要是针对普通员工，开发主要是针对管理人员，在方法上，大多两者可以相互借鉴，但由于实施的对象不同，两者又存在着一些差异。由于培训与开发的基本目的一致，所以很多方法是通用的，划分起来也并非如此严格一以下是常用的培训方法（也是常用的开发方法）。

（一）讲授法

讲授法（Lecture）是人们最熟悉的培训方法，因为它是学校最基础、最主要且最重要的教学手段。讲授法是由培训师向受训者讲授知识，是最传统的培训方式。

讲授法最大的优点就是可以系统地将知识教给受训者，只要教材选得恰当、讲授次分明，就可以清晰地传授知识，尤其是可以将大量的知识在短时间内传授给受训者，也可以将深奥难懂的理论知识讲解清楚。培训师还可采取提问和讨论等方式活跃氛围，引导受训者主动思考。

但是，讲授法常常被指责为冗长而无实践的讲授，认为仅是系统地讲授知识，而没有提供实践的机会，导致知识只停留在理论层面。这种批评是值得深思的，过于依赖讲授法，确实会让知识流于形式，而难转化到实际工作中。同时，培训的效果在很大程度上受到培训师的影响，如果培训师的讲授索然无味，或是毫无重点的，必将收效甚微。

无论知何，讲授法是一种重要的培训方法，并且是其他方法不可取代的，但由于它的局限性，所以应与其他方法配合，方能进一步强化培训成果。

（二）案例方法

在案例方法（Case Method）中，向受训者提供关于某个问题的书面描述，这个问题可以是现实的，也可以是虚拟的。受训者根据提供的资料，分析整个问题，并且提出解决方案。受训者可以通过讨论得出方案，也可以自己独立思考。案例方法并不是要教给受训者一个“正确”的解决方案，而是培养受训者分析问题和解决问题的能力，并且提供一些有益的思路。

无论案例是真实的还是虚构的，都要贴近于现实情况，所以案例分析也就是在模拟解决一个实际问题。这种培训的好处在于可以大胆地尝试解决某个问题，而不需承担风险。因此，可以多次分析案例，在不同角度的案例分析中培训分析问题和解决问题的能力，而在现实工作中，不可能有这样丰富的场景，并且通过相互交流，可以激发灵感、打开思路，从而完善思维模式。

由于案例不存在唯一的正确答案，也没有平均方案优劣的标准，并且也看不到方案真实的效果，所以在培训效果很大程度上依赖于培训者和受训者自身的素质。在 EMBA 班里开展一次案例分析培训，和在焊工班组里开展一次案例分析培训，结果肯定是完全不同的。培训者能否有效引导，受训者间能否相互激发，都影响着培训效果。

（三）在职培训

在职培训（On the Job Training，OJT）是先让受训者对熟练员工进行观察和提问，然后再模仿他们的行为得到学习。OJT 的基本假设是：受训者可以通过观察和提问得到学习。一个成功的 OJT 方案应该设定学习目标、列出要学习的知识和技能、设计 OJT 过程、熟练员工应向受训者讲解和给予受训者实践的机会并反馈信息，不然 OJT 很容易流于形式，而让受训者错失学习机会。

OJT 是一种有效的培训方法，很多工作都是通过这种方法学习，几乎所有的新员工都会接受不同形式的在职培训。由于绝大多数工作都难通过书面进行系统描述，并且很多工作细节也不可能在其他培训方法中详尽，所以通过在职培训可以观察到最真实的工作情景，随时发现学习点，可以迅速地让受训者掌握新的技巧和熟悉工作环境。这种方法非常省钱，因为培训者边干边教，而受训者边干边学，较少耽误正常工作。同时，还能及时反馈受训者的学习情况。

但是，由于熟练员工本事不是专业的培训师，没有什么培训技巧，不容易抓住关键点讲授，所以很大程度上要靠受训者自己观察和提问。对于陌生的工作，受训者的观察很难发现一些重要的操作行为，往往只看到了表面现象，而不知其中奥妙。还有一些受训者由于心理因素或性格原因，不喜欢提问，即使喜欢提问的受训者也不一定问到“点”上。所以受训人的观察和提问可能收效较慢，可能使有些工作细节无法得到学习，而且难于深入。

（四）角色扮演

角色扮演（role playing）是在设计的一个接近真实情况的场景中或情景下，指定受训者扮演特定的角色，借助角色的演练来让受训者体验该角色，从而提高其解决该类问题的能力。在特定场景下，受训者不受任何限制地即兴表演，“剧情”随着参与者的表现而自由转换，直到培训者终止或是受训者感到完成这一任务。表演结果，培训者、受训者和其他参与者都可加以评论，相互商讨，从中受益。

由于受训者扮演特定角色进行即兴表演，受训者亲身参与并共同决定着“剧情”发展，因此受训者有极大的兴趣投入，并主动从中学习。由于只是扮演，受训者可尝试采用不同的态度或不同的性格，看结局有什么样的变化。角色扮演提供了观察和感受不同方式处理问题的机会。培训者、受训者和其他参与者都可对表演给予评价和建议，相互讨论，信息技术反馈，受训者和其他参与者都可对表演给予评价和建议，相互讨论，信息及时反馈，受训者从中认识到出来问题的得失。受训者亲身扮演角色，对角色的处境、困难、顾虑、思路都有了切身体会，不管其将来是否处于这个角色的位置或其他相关位置，都有利于其顺利地解决问题。

在角色扮演中，培训者的指导非常重要，如果没有事先准备好关于受训者可学到什么内容的概括性说明，那么受训者在完成表演后很难有进一步提高，也就是说，角色扮演过程不仅仅是其真实行为的再现，而没有提高行为的有效性。如果受训者扮演后得不得应有的反馈他们常常认为这是浪费时间。由于对角色扮演的认识不够，一些受训者会认为只是个游戏，而另一些受训者则干脆不愿参与，这会使培训者陷于被动，所以执行起来有一定的困难。

如果给受训者事先接受的指导较少，可能会导致表演失误，从而引起尴尬和挫败感，反而会打击受训者今后的工作信心。另外，角色扮演需要的时间较长，每轮表演只能让较少的人参与，这种培训方法比较耗时。

（五）行为模仿

行为模仿（Behavior Modeling）是先向受训者展示正确的行为，再要求他们在模拟环境中扮演角色进行模范，根据他们的表现，培训者不断地提供反馈，受训者在反馈的指导下不断重复行为直至能熟练完成。这种培训方法的基本思路是，受训者看到任务的执行过程，并在反馈信息下不断重复实践，直到熟练完成任务。具体地讲，行为模仿有四个步骤：第一、建立模式，向受训者展示正确的行为，可以通过电影、录像等现代手段，也可以通过真人扮演；第二，角色扮演，让每个受训者扮演其中角色，演习正确的行为；第三、不断强化，培训者根据受训者的表现，给于表扬、建议等反馈，强化受训者的行为；第四，鼓励受训者在将来的工作中采用正确的行为。

行为模式和角色扮演的相似之处在于，都要扮演某个角色，都要在某些场景或情景中表演，但两者又有着重要区别。在某种场景或情景中，角色扮演是自由发挥表演，而行为模仿则要求受训者必须以正确的行为处理问题，并且一旦出错就被要求重复演习直至正确。也就是说，行为模仿是告诉了受训者正确的方法，并要求掌握这种正确方法。

由于与角色扮演比较相似，所以角色扮演的许多优点在此方法中也有体现。一个完全区别于角色扮演的优点是，受训者可以学习并实践正确的行为。在这种培训中，受训人一开始就清楚什么是正确的行为，并在实践中不断地模仿正确行为，通过不断强化后，让这种行为自然而然在将来工作中体现。所以行为模仿使用那些能明确识别正误的、有规范操作程序的、简单且程序化的行为。

这种培训方法最大的缺点就是，从一开始就限制了受训者的思维。受训者首先看到了正确的行为方式，潜意思中会努力地向其靠拢，并且也被鼓励模仿。而事实上解决一个问题一般有多种方式，可能还存在其他更好的方法，但可能存在的其他更好方法可能在一开始就被扼杀，而且现实情况是复杂的，所教授的正确方法不一定在任何情况下都适用。由于受训人没有做过这方面的思考，当发生“非正常”情况时，往往可能会束手无策。

（六）多媒体培训

多媒体培训是利用幻灯片、电影、录像、录音等视听材料进行培训。这些视听材料可以调动人的视觉和听觉，促进学习效果。视听材料可以到市场上购买，目前市场上已经开发出许多拥有培训的音像资料，并且比较专业，也可以自己制作，根据组织的实际情况和具体要求，制作出符合组织需要的音像资料。购买或制作视听材料时，一定要明确培训的需求，即要明确是需要哪方面的内容、需要什么程度的资料。在播放前，要说明培训的目的，让受训者思路清晰地接受新知，而不是一带而过。播放完后，培训者要进行讲解，对其中的难点和重点进行剖析，补充说明，强化学习效果，最好还能引导受训者讨论，让他们对某些关键问题作进一步的思索。

由于多媒体培训调动了人的多种感官，所以易引起受训者的兴趣，让受训者印象深刻。视听材料最大的一个优点是，可以跳过某个片段或是重复某个片段，培训着可以方便地根据培训需求进行选择。对于不重要的内容可以跳过，对于重复的内容不但可以重放，还可对某一细节暂停或放大等以便进一步详细了解。另外，视听材料作为永久保存的资料，可以重复使用，大大简化了培训工作。

视听材料的出现，提供了培训师"偷懒"的机会，使一些培训师过于依赖这些材料，不管其适用与否，都倾于使用。另外，一些重要的内容不一定出现在视听材料中，培训者如不额外讲解，就会使之遗漏。同时，视听材料是永久性资料，如不注意更新，一些内容容易过时。视听材料毕竟是单方面的演示，不能结合现场的氛围和学习的需要转变，所以培训者有责任根据培训情况进行补偿和说明。

(七)电脑化指导

电脑化指导(Computer-Based Instruction，CBI)指使用电脑，通过操练、游戏、模拟训练、网络培训对受训者进行指导。操练是基于实践的事实和程序进行提问和回答的演练。电脑先是对一个问题做出解释，然后提出一系列相关或类似问题让受训者解答，电脑再判断正误，并给于正确的指导。游戏是对工作中的情形进行描述，由受训者分析该如何处理。根据受训者的答案，电脑给出相应的可能结果及反馈信息。电脑模拟训练让受训者操作或维护某个设备，根据电脑显示的内容，受训者做出反应，电脑再判断他的反应是否正确。网络培训是将培训课程储存在网上、各地的受训者都可利用网络浏览器进入网络接受培训。

随着电脑的普及，越来越多的工作依赖电脑，培训领域也越来越关注如何运用电脑提高培训质量和数量。运用电脑可以实现交互式培训，受训者与电脑直接交流，电脑像老师一样，可以教授知识、提出问题、分析问题、解答问题、指出关键点，受训者则可自由得向电脑提问，反复训练，而不用有所顾忌。运用电脑实现了自我调速式的学习，每个人可以根据个人学习进度情况自由地选择课程，可以随时学习、选择性学习、重复学习。无论在电脑上犯了什么错误，最多是重新开始，而不需承担任何风险，这给受训者提供了大胆尝试、多次反复的机会，有利于进一步了解不同方式的效果，有利于加深学习印象。由于不用承担风险，又可无数次反复运用，当系统建立后，使用的平均成本是相当低的。电脑可以融入声音、图像、动画等，大大丰富了学习的内容，增加了学习的趣味性。如果通过网络学习，电脑的优势会更加明显，因为它消除了地狱限制和时间限制，任何地区的人可在任何时间进行学习。电脑的快速、精准等特性，无疑提高了培训的质量。

但是建立一套电脑化的指导系统是比较昂贵的。通过外界购买建立一套网络培训系统，一般都必须支付一笔不菲的费用。如果是自己设计和建立，不但花费较大，而且也很费时。在使用之后，人们容易对电脑化指导形成依赖，但电脑毕竟不能代替人，受训者与培训者交流机会大大减少，如果通过网络学习，甚至没有机会与培训者交流。另外，无论电脑如何智能，程序设计得如何完善，人的作用总是无法取代的。

(八)工作轮换

工作轮换(Job Rotation)是让受训者在多个部门之间轮流工作，使他们有机会接触和了解到组织其他工作的情况。Kenneth Wexley 和 Gary Latham (1981)指出，要提高工作轮换的成计划的成功率，应当根据每个人的情况制订工作轮换计划，应当将企业的需求和个人的兴趣、能力等结合起来考虑，花费时间应根据学习进度而定。

工作轮换主要用于对管理人员的培训，让其在晋升到更高职位前了解各个部门的运作情况，也有组织将其用于培训新员工，让其在培训的过程中找到适合自己能力和兴趣的岗位。对于管理人员而言，工作轮换是一次可贵的全面了解组织的机会，通过在各个部门工作一段时间，熟悉各部门的情况，一旦上任，就能很快地投入到工作中。同时，平时各个部门间相互关系，有利于其今后协调各部门工作，促进部门间的合作。工作轮换也是对受训者的考验，各部门的主管从不同角度来观察受训者，从而综合评价候选人各方面的能力，为晋升决策做出重要参考。工作轮换对于管理人员和新员工还有一个重要作用，就是让受训者找出最适合自己的岗位和发展方向。

虽然工作轮换有诸多优点，但也容易走入培养"通才"的误区。员工被鼓励到各个岗位工作，他们将花费不少时间熟悉和学习新的技能，会把此当成一项主要工作。这样过度轮换，虽能让员工掌握更多的技能，却不能专一某一方面。所以工作轮换常常被认为是用于培训管理人员，而非职能专家。

(九)企业外培训

企业外培训是通过企业外的组织对受训者进行培训。企业外的组织可以是学校，也可以是培训机构。与学校相关的培训计划，可以是脱产学习、半脱产学习或在职学习，根据学习要求而定。脱产学习可以让员工专心学习，在一段时间内集中而快速地掌握知识和技能，但会耽误工作，组织将为此付出较高的代价，员工回来时岗位也有被别人顶替的危险；在职学习不需要脱离岗位，可以边工作边学习，虽然不会太大地影响工作，但人的精力和时间有限，工作和学习的冲突会不时出现，解决不好反而会两头耽误；半脱产学习介于两者之间，其利弊也各占一半。与培训机构相关的培训计划，可以送员工到培训机构参加培训，也可以请培训机构来企业进行培训。前者费用较少，但受益人少，而且培训不是专门针对本企业；后者费用较高，但受益人多，并且可以根据企业情况提出相应要求。

企业外培训借助外部力量，可以汲取外界新的知识、技能和信息，向企业输送新鲜的氧气。如果是送员工出去培训，其过程也是与相关人士交流的过程，加以利用，还可为企业引入新项目、新业务，甚至是新的人才。

企业外培训也存在不足的地方。由于不是企业自己设计的培训，针对性不一定会强，可能学员学到的东西最后很少在企业中运用，甚至毫无作用，并且受训者很可能将其作为增强个人素质的机会，反而会增加受训者跳槽的砝码。

培训与开发的方法还有很多，培训方法主要针对普通员工，学术界和实践界又相继开发出了许多新的培训方法，有程序化教学法、自我指导学习法、研讨会法、工作指导培训法、多样化培训法、读写能力培训法等。开发方法主要是针对管理人员，随着管理人员的作用日趋重要，各组织都开始重视培养接班人，由此也产生了许多新的开发方法，主要有辅导/实习方法、初级董事会法、行动学习法、管理竞赛法、维罗姆—耶顿领导能力培训法、人际关系心理分析法等。

二、培训方法的选择

培训的效果在很大程度上取决于培训方法的选择，当前，培训的方法有很多种，不同的培训方法具有不同的特点，其自身也是各有优劣。要选择到合适的有效性的培训方法，需要考虑到学习的目标、所需的时间、所需的经费、学员的数量、学员的特点和相关科技的支持等因素。

(一)影响培训方法选择的主要因素

在人力资源管理中,究竟选用何种培训方法,经常需要考虑的因素主要有:

(1)学习的目标。学习目标对培训方法的选择有着直接的影响。一般说来,学习目标若为认识或了解一般的知识,那么,程序化的教学、多媒体教学、演讲、讨论、个案研读等多种方法均能采用;若学习目标为掌握某种应用技能或特殊技能,则示范、实习、模拟等方法应列为首选。

(2)所需时间。由于各种培训方法所需要的时间的长短不一样,所以,培训方法的选择还受着时间因素的影响。有的训练方法需要较长的准备时间,如多媒体教学、录像带教学,有的培训方法需要较长的实施时间,如自我学习,这就需要根据企业组织、学习者以及培训教员个人所能投入的时间来选择适当的培训方法。

(3)所需经费。有的培训方法需要的经费较少,而有的则花费较大。如演讲、头脑风暴、小组讨论等方法,所需的经费一般不会太高,差旅费和食宿费是主要的花费;而影音互动学习和多媒体教学则花费惊人,各种配套设备购买等需要投入相当的资金。因此需考虑到企业组织与学员的消费能力和承担能力。

(4)学员的数量。学员人数的多少影响着培训方法的选择。当学员人数不多时,小组讨论或角色扮演将是不错的培训方法;当学员人数众多时,演讲、多媒体教学、举行大型的研讨会可能就比较适当。因为学员人数的多少不仅仅影响着培训方法的选择,而且影响着培训的效果。

(5)学员的特点。学员所具备的基本知识和技能的多少,也影响着培训方法的选择。如当学员毫无电脑知识时,电脑化训练或多媒体教学就不大适用;当学员的教育水准较低时,自我学习的效果就不会很好;当学员大多数分析能力欠佳不善于表达时,辩论或小组讨论的方法将难以取得预期的效果。因此,培训方法的选择还应考虑到学员本身的知识状况和应对能力等特点。

(6)相关科技的支持。有的培训方式是需要相关科技知识或技术工具予以支持。如电脑化训练自然需要电脑的配合;影音互动学习至少需要会用电脑和影碟机;多媒体教学则需要更多的声光器材的支持。所以,培训单位或组织能否提供相关的技术和器材,将直接影响着高科技训练方法的采用。

(二)培训方法的比较

通常,一次培训并不是固定用一种方法,有的培训会用两种以上的培训方法。那么,究竟哪一种方法更适合这次培训呢?这就牵涉培训方法的选择问题。作为一名培训者或管理者,在工作中经常需要你选择一种培训方法。在大量可供选择的培训方法面前,培训者要对各种培训方法进行一下比较。

(三)培训方法的选择依据

在挑选培训方法时,应结合企业自身的实际情况,采取最合适的方法或将各种培训方法优化组合,配合运用,才会取得理想的培训效果。

(1)理念性知识培训可用讲授法。讲授法要求培训师应具有丰富的知识和经验,讲授的内容具有科学性和系统性，讲授时语言清晰、生动准确、条理清楚、重点突出，必要时运用板书和多媒体设备，以加强培训的效果。

讲授法有利于受训者系统地接受新知识，容易掌握和控制学习的进度，还可以同时对多人进行培训，运用方便，比较经济。但讲授内容具有强制性，学习效果易受培训师讲授水平的影响。由于主要是单向性的信息传递，缺乏培训师与学员间必要的交流和反馈，学过的知识不易被巩固，故采用讲授法培训时一般都保留适当的时间让师生进行沟通，用问答方式获取学员对讲授内容的反馈。

(2)技能速成培训宜用演示法。演示法其实是讲授法的实验过程，指运用一定的实物和教具作示范教学，使学员明白某种工作是如何完成的，然后让学员试做，并给予指导。其优点是有助于激发受训者的学习兴趣，可利用多种感官，做到看、听、想、问相结合，获得感性知识，加深对所学内容的印象。演示法对提高学员技能立竿见影，颇受欢迎，但适用范围有限，而且演示前的准备需要一定的费用和精力。

(3)专题培训宜用研讨法。按照费用与操作的复杂程度又可分成一般研讨会与小组讨论两种方式。研讨会多以专题演讲为主，中途或会后允许学员与演讲者进行沟通交流，要求每次讨论要建立明确的目标(包括时间限制)，并于每一阶段结束时检查进度，一般费用较高。小组讨论法费用则较低。

研讨法鼓励学员积极思考，主动提出问题，表达个人的感受，有助于激发学习兴趣；在讨论中取长补短，互相学习，也有利于知识和经验的交流，对提高学员的责任感或改变工作态度特别有效，但不利用学员系统地掌握知识和技能；比较适宜管理人员的训练或用于解决某些有一定难度的管理问题，但它对导师学员自身的水平要求较高；另外，论题选择得好坏也将直接影响培训的效果。

(4)培训一线员工宜用实习法。这种方法是由一位有经验的技术能手或主管人员在工作岗位上对受训者进行培训，类似企业常用的师傅带徒弟培训。培训师的人员在工作岗位上对受训者进行培训，类似企业常用的师傅带徒弟培训。培训师的任务是教给学员如何做，提出如何做好的建议，并对学员进行鼓励。这种方法一定要详细、完整的教学计划，可用于培训一线员工。

通常能在培训与学员之间形成良好的关系，有助于工作的开展。一旦岗位出现空缺时，企业能有训练有素的员工及时顶上。此方法关键在于培训师的挑选和尽责。

(5)试听法和网络培训法。利用现代视听技术对员工进行培训要清楚地说明培训的目的，依课题选择合适的视听教材，对播映内容“如何应用在工作上”进行讨论，最好能边看边讨论，以增加理解；讨论后，培训师必须作重点总结或将“如何应用在工作上”具体方法告诉受训人员。

视听法直观鲜明，往往比讲授法或讨论法给人更深的印象；教材生动形象且给学员以真实感，所以也比较容易引起他们的学习的兴趣。但视听设备和教材的成本较高，内容容易过时，而且学员实践较少，一般可作为讲授法的辅助手段。

网络法是将文字、图片及影音文件等培训资料放在网上，供员工学习。这种方式由于具有信息量大、无学习时间限制等特点，颇受学员欢迎，也是今后培训发展的趋势之一。但一些如人际交流、讲究动手的技能培训则不太适用于网络法。

第二节　培训技术

一、应用新兴技术的培训的基本概念和特点

不同学者对于应用新兴技术的培训提出了不同的概念，主要有媒体辅助远程培训（media-assisted distance learning）、技术辅助远程培训（technology-assisted distance learning）、计算机辅助培训（computer-assisted training）、利用电信技术的培训（technology based training）、多媒体远程培训（multimedia distance learning）及网络培训（netword training）等。在界定这些概念时，学者们也有不同的表述，如将利用电信技术的培训定义为“结合信息、计算机和通信技术应用的学习”，将多媒体远程培训描述为“采用多种媒体来组织、交换信息和进行互动的学习过程”。

虽然概念各有不同，但从这些概念中我们可以看到应用新兴技术的培训有以下的特点：

（一）以技术为支持基础

这类培训，早期应用诸如电视机、电话等视听设备，现在则更多地采用如宽带网络、可视会议、计算机联网实验等手段。

（二）跨边界

典型的应用新兴技术的培训会通过信息技术提供声音、录像和图片将两个或多个学习点连接起来，它超越了传统课堂的边界，使培训和教育成为没有边界的资源，增加了培训和教育的机会。

（三）学习更以学员为中心

应用新兴技术的培训给学员提供了更多自我探索和自我学习的机会。如 E-learning 给学员提供了很多相关网址，学员可自己去探索和获取有用的信息。近年来，随着信息技术的发展，网络技术越来越广泛地应用于企业之中，E-learning 作为一种新的培训方式，得到了飞速的发展，相对来说，E-learning 的概念更广，因为 E-learning 的本意是指在电脑空间（eyherspace）的学习，指应用因特网（Internet）、企业内部网（intranet）、多媒体、远程学习和电子支持系统等技术手段所进行的跨越时间、空间，在不同时间和地点的学习。在一定程度上，E-learning 包容了上面提到的这些概念。

二、应用新兴技术培训的类型

常用的应用新兴技术的培训有以下的类型。

（一）计算机辅助培训

这类培训是随着个人电脑的兴起而发展起来的。它主要通过设计一下课程程序和软件帮助学员进行自主的学习。在常见的计算机辅助培训中，学员可以学到课程内容，并可以对自己掌握知识的水平进行评估，以确定自己下一步的学习。所以，计算机辅助培训往往是自

适应的培训，即学员可以根据自己学习的步调，调整学习进度。它特别适合于一些基本知识和概念的培训。这是应用新兴技术培训中最基本的形式。

（二）E-learning

E-learning 是一种新的企业人力资源开发方式，在电子化时代，它凭借自身的优势逐渐成为企业员工培训的重要手段。其主要方式是在网上开设课程主页，将与课程有关的内容放置到网上，经由局域网（LAN）、广域网（WAN）、个人电脑（PC）、调制解调器（modem）和路由器（road warriors），无线网络、无线路由器乃至卫星通信等通信技术设备和方式使学员可以在世界范围内浏览某个课程，并进行课程的学习。从开设的主体来说，E-learning 通常有两类：一类是公司内部开设的培训课程，主要针对公司内部员工，一般员工有密码，通过内部网络或局域网可以得到网上的课程资料。一些世界级的公司像摩托罗拉、福特汽车、MCI 等都看到了网上培训的独特优势，纷纷开发了自己的内部网上培训课程。摩托罗拉现在已经开发了近 100 种网上培训课程，大部分其中在 IT 方面。有了这些网上课程，全世界的员工都能了解公司在技术上的最新动态。另一类培训课程是由专业培训公司提供的，它们往往会在网上公布一些课程单元，如果某家企业购买了他的服务，就可以得到进入课程的密码，这样该企业的员工的就可以进行网上的学习了。一些出版社为了更好地销售其教材，也会在网上开设“教师培训”的课程，购买了用于教学的教科书的老师可以免费获得这样的培训。一个培训课程主页通常会包括以下内容：课程基本信息，讲师信息，课程课件、学员作业、交流区、网站链接和学员工具等，在课程基本信息中，会对该课程的内容和进度基本介绍；在课程课件中，会包括课程讲义，阅读文献等；在交流区中通常会有聊天室和讨论区，学员可以就某个问题与其他学员或老师进行讨论。在学员工具中，学员可以递交自己完成的作业、编辑个人课程主页、阅读学员手册并检查自己的学业结果。

在企业中，E-learning 课程采用的是一种员工自主式的学习，员工可随时打开电脑上网，学习那些已经由培训总部在网上设计好的培训课程。与以往的培训相比，E-learning 具有如下特点：

1. 灵活选择学习进度

不同的人有不同的能力和知识背景，学习的速度和效果也有所不同，传统的培训无法兼顾所有学员的需要，而 E-learning 就可有学员根据自己的情况选择学习进度。

2. 灵活选择学习时间和地点

现在工作十分紧张，要员工抽出大块时间去参加培训势必会影响工作，到外地去参加培训更是难上加难，而 E-learning 恰恰利用通信的优势，让员工能在公司里、家中、车上、餐厅里随时利用零星的时间，使参加培训不再是员工的一项负担。

3. 灵活选择学习内容

有些员工已经接受过某一方面的培训，就可以不选择这项培训；或者他也可跳过一些比较熟悉的课程内容，学习对他最为有用的内容。这给了员工极大的自由，不必在自己已经学会的内容上浪费时间。这是传统的课题培训难以做到的。

4. 学习效果显著

E-learning 所具有的流程固定化、可追索性、可跟踪性、互动性等技术优势，可以使训前评估、培训、训后行为转化以及高度承诺的管理实践之间产生良性高效的互动协同。

5. 大大提升组织整体培训效能

由于 E-learning 所涉及的培训内容可以统一限制，覆盖面广泛，组织中的每一个学习者都可获得相应的培训，因此可以大大提升组织整体培训效能。

E-learning 除了利用课程网页之外，还可以通过电子邮件的方式进行信息交流和讨论。

当然，E-learning 也有一些不足，如学员会觉得缺乏真实感等。

虽然 E-learning 也可以是一种远程（即跨地区、跨时间）的培训，但通常它凭借的手段仅仅是内部网络或万维网，学员们不必到专门的教室中去，他们可以自主地选择学习时间和地点。而多媒体远程培训，是指结合采用了多种媒体手段，利用现代化的技术将声音、图像传递到各个教学地点，学员一般会在各地专门的教室中接受远在外地的教师的培训。在多媒体远程培训中，有些已经可以现实多边互动，即学员可当场提出问题并得到实时的回答。多媒体远程培训中经常用到的技术手段包括可视会议系统和 ISDN 或 ADSL 接入。多媒体远程培训还经常与计算机辅助培训、E-learning 联系起来，即在课堂上通过可视会议系统进行授课，在课堂外侧通过课程网、电子邮件进行沟通，有时还可以形成全球范围内的虚拟学习团队就某一个问题进行讨论，并往往配有计算机辅助学习软件或课程光盘学员进行课程的自我学习。

三、多媒体远程培训具有如下特点：

（一）跨地域性

如前所述，远程培训利用现代的信息、通信优势，突破了地域的限制，使得处于不同地区的人能？同时学习沟通，共享培训资源，这不能不说是现代科技带来的一个奇迹。与 E-learning 相比，多媒体远程培训已超越了空间的概念，从而免去了受训者舟车劳顿之苦，也为企业节省了一大笔差旅费。

（二）沟通的多向性

学员和教师如果选择电子邮件或传真的方式，双方的信息传递比口头传递要麻烦得多，相互交流也很难尽兴。在学习过程中很多情况下是单向的沟通，受训者只能从网上下载培训课程，却不能与他人沟通意见和看法，单位时间的信息流量小。假如没有固定的聊天室，学员由于不知道有谁在参加该培训，只能与教师或有限的几个同事沟通，组织形式过于松散。即使建立了聊天室，也不能保证每位参加培训的学员都在上网聊天。

传统的课堂培训是一种双向式的沟通。培训者和学员可在课程当场互通信息，讨论问题，沟通看法。这里的信息从流量和多样性上都高于 E-learning，一个培训班的人都可以在共享这些信息。

多媒体远程则把双向式沟通发展为多向式沟通，几个培训地点的人可以把各自的观念、问题与大家分享，使得跨地域这一优势进一步得到发挥。在多媒体远程培训中，一个人可了解到其他教学地点的情况，他们的思维方式、处理问题的办法，信息流量比传统教学高出几倍。

（三）及时同步性

这一点主要体现在一些比较大的跨国企业中。通常这类企业会在总部设立培训中心，在传统培训的条件下，培训课程从总部向各地推广需要比较长的时间，有时甚至要求员工必须到海外参加培训，因此，各地分支机构的员工接受到相同培训就比较滞后，多媒体远程培训则可以使全球各地的员工同时接受相同的培训。

（四）便捷性

多媒体远程培训由于是跨地区的，使得人们可以不用将很多时间花费在旅途上就可以接受到来自世界其他地方的培训课程，具有便捷性。

美国众多企业已开设了许多远程培训课程，如营销原理、服务性营销、专业化销售、购买者行为、战略营销、基础会计、财务管理、人力资源管理、生产管理等。实际上，任何传统的培训课程经过调整和改进后均能用于远程培训、从我国的的情况来看，基于技术的远程培训始于 20 世纪 80 年代初，当时由于“十年动乱”造成的人才断层，急需尽快培养大量人才。为此采用了以广播电视教学为主的大规模地传递和大规模地接受并加以辅导的传统教学模式。此时，教学研究的重点在于制作了由优秀专家讲授的录像带。这种大规模地教师加媒体的教学传递模式确实为解决当时客观上存在的人才短缺问题起了极大的作用，但是在教学观（目标）上还是因袭传统的教学思想。进入 20 世纪 90 年代以来，由于以计算机为中心的通信与信息技术的迅速发展，远程培训的传递手段日益多样化，多媒体远程培训也开始在我国教育界和企业界得到广泛应用。

四、应用新兴技术的培训与传统培训的区别

传统培训主要指那些面对面由讲师给学员传授的课程或进行的培训。我们可以从如下几个方面来对传统培训、计算机辅助培训、E-learning 和多媒体远程进行比较。

表 8.1　传统培训与其他培训类型的特点分析

	传统培训	计算机辅助培训	E-learning	远程培训
跨地域性	无	无	应用地域范围极广	可在几地同时进行
信息流动	双向	通常为单向	通常为单向	多向
组织形式	正规	松散	松散	一定正规性
安全性	有交通危险	无	无	无
培训内容	会滞后	及时	及时	及时
技术设备要求	低	中	高	极高
安全性	有交通危险	无	无	无
对讲师要求	中等	自适应学习，教师仅负责回答和咨询	负责回答和咨询	高，同时面对多个培训点，不同培训对象
学员准备性	低	中等	高	高
学员主动性	一般	高	高	高

从表 8.1 中可以看出,虽然应用新兴技术的培训具有不少传统培训所不具有的特点,但也对培训设施、讲师提出了更高的要求,并要求学员有一定的准备性(readiness)、计算机和网络技能,同时能主动、自发地进行学习。

五、应用新兴技术的培训的实施

前面我们对应用新兴技术的培训从理论上进行了探讨,那么在具体实施时又应该注意哪些问题呢?

(一)技术和设备要求

1. 基本设施和设备要求

实施 E-learning 或媒体远程培训,有较高的技术基础设施的要求。在多媒体远程培训中,配置的专用教室通常要包括如下设备,如表 8.2 所示。

表 8.2 多媒体专用教室的主要设备

数字压缩设备 (digital compression equipment)	遥控摄像头 (remote-controlled television cameras)
大屏幕显示器(large screen monitors)	录像机(video—cassette recorder)
传真机(facsimile machine)	文件摄像头(document camera)
麦克风(microphone)	幻灯机(projector)
投影仪(overhead)	计算机(互联网)Computer (online)

除了上述硬件外,还要配备高速电话线、ISDN、ADSL、DDN、卫星通信线路中的一种或多种。国内目前多采用 ISDN 或 ADSL 来接收对方信号,它相对较便宜,当然选择方案性能越好(如卫星接收),价格越高。

2. 设备使用及要求

(1)要保证各个教学地点使用的设备采用共同的标准,信息能用共同的编码解码技术在信道中传播。线路单位时间内的信息流量应相等。

(2)为保证教师与学员随时沟通,每位学员应配备一台电脑,并能较方便地上网查看有关课程信息,能通过收发电子邮件提出并得到解答。

(3)培训开始前保证每位学员都能熟练使用由学员操作的设备,如麦克风。如果设备比较复杂,可专门安排一段时间进行示范和练习。

(4)如果摄像头的位置或摄像头的方向是固定的,学员和教师必须对着摄像头的方向,而且教师不能在课堂中走动,课堂气氛比较死板。有时,教师可采用控制面板遥控摄像头。这虽然给教学带来较大的灵活性,但由教师控制摄像头就不可避免地会分散教师的注意力。比较好的一种方式是有专门的人负责摄像。在采用这种方式时,教师和摄像师之间一定要相互配合得很默契,这需要准备时间和磨合时间。

3. 设备调试、维护和备用方案

每次培训开始前,要检查所有的相关设备,将调试到最佳状态,尤其是通信路以及信号传输设备。如果教师所在教学地点的通信出现了故障,将影响整个远程培训的进行,所有对该地的设备调试人员来说维护好整个通信系统事关重大。某一教学地点设备出了问题，不仅该教学地点的学员不能参加培训，而且会是其他教学地点的学员受到影响。

一旦出现设备上的故障，应有一个备用方案供选择。培训前要做好使用设备方案的准备。要保证图像、声音的清晰及传输信号的稳定。保证个地点、教师、学员的信号顺利切换。在日常工作中要注意对远程培训设备的维护和保养。

E-learning 要求的设施相对要简单些，主要有局域网、因特网接入，另外要求有一定的课程软件的支持。而这些，往往是由专业公司负责的。

（二）培训课程的设计

根据建构主义的理论，特别要注意的是 E-learning 环境的建构。在具体实施时，要注意给学员提供丰富的信息。有些学者将建构主义学习环境概况为一种支持学习者进行建构性学习的各种学习资源（不仅仅是信息资源）的组合，其中学习资源不仅包括信息资源、认知工具、教师等硬资源，还包括任务情境等软资源。根据学习环境五要素的理论观点，在建构 E-learning环境时要注意如下几个方面。

1. 信息库的建构

信息库（information banks）是学习环境中最主要的信息资源，它负责向学生提供要学习领域的知识和教学材料。在传统的课堂教学中，信息库通常由课本、教师讲授的内容以及词典等组成；而在 E-learning 中，要建构基于计算机的信息库。这个信息库的种类应该比传统的更多，内容更丰富，界面更友好，应便于学员的查询。这也是建构主义理论强调的“新旧知识联系”原理。

2. 提供建构工具箱

建构工具箱（construction kits）用于帮助学生寻找特定信息、完成认知操作、实现某种设想等。实验室设备是最常用的工具箱。计算机扩展了工具箱的种类。一方面，学生不仅可以构造实物，还可以利用计算机软件构造虚拟的事物或进行模拟；另一方面，通过 E-learning 可以向学员提供多种建构工具箱，以满足他们不同的要求。

3. 任务情境

任务情境（phenomenaria）是学习任务呈现给学习者的问题解决情境。任务情境蕴含着等待学员学习的知识和智力操作。

任务情境有两种呈现方式：BIG（Beyond the Information Given）方式和 WIG（Without the Information Given）方式（D. N. Perkins，1991）。BIG 方式是指直接提供正确结论，但作为建构主义的教学，仅仅提供一些思想和经验是远远不够的，学生还要通过各种方式来检验他们的理解。WIG 方式禁止直接提供正确结论，而是鼓励学生自己对现象或问题进行探索和解释。如果出现矛盾，通过学生间或学生和教师间的讨论和协商来否定错误观念，最终得出正确的结论。

建构主义的学习观更倾向于让学员自己进行探索。在 E-learning 的具体设计中，可以结合采用这两种方式，有些内容可以直接告知学员，有些则可以让学员通过网络进行讨论和探索，获取进一步信息，然后得到正确的结论。

建构主义学习还认为，学习环境中的学习认为应该是真实的。学习认为的真实性是指任务情境与知识、技能被应用的实际情境相联系的程度。从这个角度出发，在设计培训课程时，应该尽可能结合实际的案例和具体实践，并通过模拟等方法让学员有真实感。

4. 任务管理者

任务管理者(Task Managers)是学习活动的管理者。教师、学生、需有明确指导信息的课本以及计算机软件都可以充当任务管理者,建构主义的观点认为,学员是学习的中心,他们自己是任务最重要的管理者。故在 E-learning 中,要尽可能发挥学员的主动性,并最优使用计算机软件,使培训效果最优化。

(三)应用新兴技术的培训对讲师的要求

如前所述,应用新兴技术的培训特别是多媒体远程培训对讲师的技能和适应能力提出了更高的要求,为了更好地开展多媒体远程培训,讲师应做好下面这些工作。

1. 培训的准备工作

(1)熟练使用培训设备

作为培训教师,必须了解各种设备都有什么样的作用,尽可能多试用几次,在课堂讲授时要让学员觉得使用远程教学的方式不会产生不方便的情况,因此必须保证镜头的切换顺利,设备的开始和终止使用都不会有麻烦。

(2)准备好备用方案

在培训中信号传输故障是培训者鞭长莫及的。尽管责任不在培训者,但他必须能应对这种情况。除了培训的组织者要准备备用方案外,培训者也要准备自己的备用方案,利用好组织者在转换设备时时间空挡。比如角色扮演,小组讨论,给学员看其他可用资料等。在设备故障期间,各个教学地点无法联系,所以培训者应把备用方案的资料分发给每个教学地点的负责人,以便在故障期间每个地区都知道该做什么,并保证相同的进度。

(3)选择合适的着装

尽量避免穿浅色的服装,因为其在屏幕上会非常刺眼。

(4)确定恰当的投影字体

准备的投影资料的字体要足够大,事先试验几次,选择最恰当的字体。

(5)有充分的心理准备

讲师对多媒体远程课程的态度和效能感往往会影响到学员队课程的反映。所以,在课程前,教师自己要有充分的思想准备,并对自己应用新兴技术进行课程传授充满信心。

2. 讲授中注意点

(1)调动课堂气氛

通常,远程培训对培训者的协调控制能力有更高的要求。不管远程培训采用了多么先进的培训技术,各个教学地点之间地理上的距离总是存在的。如果对学员没有积极参与的强制性要求,同时教师又没能很好地协调课堂的气氛,调动学员参与的积极性,学员很可能成为被动的听众。为避免这种情况发生,培训者应注意一下几点:给学员提供参与的机会,如讲演、讨论、角色扮演等;建立一种类似节目主持人的培训风格,幽默、轻松,富有亲和力,有助于消除心理上的距离感;有出色的控制能力,把握课程进度,将培训的气氛控制在一定程度内,做到不温不火,既能调动沉默不语的人发言,又能控制长篇大论者的发言时间。

(2)平等对待各个教学地点

在一个远程培训尤其是跨国远程培训中,各个教学地点共同学习,就像一个小小的联合国。在培训的过程中,尤其要注意平等对待各个教学地点的学员,不能有任何偏向。因为民族问题是最敏感的，学员能够体会到你对他们的看法。如果你没能平等地对待他们，他们就不会在培训当中配合你。正是因为如此，培训者必须尊重各民族的宗教信仰、政治信仰，尊重他们的风俗习惯和传统文化。而且应给各个教学地点均发言机会，鼓励大家都参与到培训中来。这是在远程培训中药特别注意的问题。

培训课堂社区气氛。远程培训中不同教学地点的参加者在培训之前一般是互不相识的。在培训之初，各个学员之间会存在陌生感，交流和表现都比较拘谨。在这种情况下，培训者应注意培养一种课堂社区(Class Community)氛围。在培训中大家逐渐熟悉了解，并逐渐建立起信任，像生活在同一个社区的人一样。这时大家畅所欲言，各抒己见，课堂中产生了一种类似社区的氛围，好像所有人都在面对面地学习。只有在课堂上拥有这种氛围，远程培训才能真正地突破空间限制对沟通的障碍，成为一种十分有效的培训方式。

处理不同的学习习惯和目标。不同国家的学员有不同的学习习惯。有的习惯老师讲授为主，有的习惯学员充分参与，进行诸如角色扮演、小组讨论等。培训者必须尽力协调这种差异，形成自己的培训风格。如果你的风格是鼓励学员积极参与，不愿仅仅做个信息的传递着，就要在你的培训课堂上大力倡导学员充分发表意见，积极参与你的角色扮演，从而形成属于这个培训课堂的培训风格。但你要注意到那些学习习惯于你的风格不同的学员。他们可能会觉得不适应，对你的讲授产生抵触或畏惧情绪。所以你应给这些学员时间来适应你的风格，在出现冲突时要尊重他们的想法，让学员逐渐融入培训当中去。

促进各个教学地点之间的沟通和理解。不同的教学地点有不同的文化背景、价值观和思维方式。在一个人看来是十分正常的事，对他人而言可能不可理解。所以在培训开始时就应向学员明确说明在思维意识领域可能存在差异，各个学员应对此做好心理准备，尽力去理解这些差异，多与不同教学地点的学员沟通。同时作为培训者，你应作出榜样，积极促进大家的互相了解，有机会的话，可让学员作些自我介绍等。总之，要形成一种开放的气氛，使学员从多角度看问题，而不是仅从自己的角度出发。

3. 讲授后的网络联系

多媒体远程培训往往与 E-learning 联系在一起，讲师在课后可以通过电子邮件和网站继续与学员进行探讨。多媒体远程课程由于传送费用成本高，每次上课的时间都是严格控制的，而由于它往往有好几个点共同参加，每个学员能够参与的时间相对来说显得非常宝贵，往往有沟通不足和互动不够的缺陷。所以要尽可能利用课后的电子邮件、聊天室和讨论区进行补充，以提高培训效果。

(四)应用新兴技术的培训对学员的要求

前面提到，有时学员对应用新兴技术的培训有拒抗反应。事实上，不同的学员对应有新兴技术的培训有不同的反应。常见的几种情况如下：

(1)欢迎采用新的技术。在培训中，这使学员感到兴奋，他们愿意与教师配合，参与到课程中去。但是这种新鲜感会随着培训次数的增多而逐渐消失，如果这时培训不能用其他的特点吸引学员，学员的参与性就会降低。

(2)有的学员认为通过屏幕看到他人的情况，对他人的感觉是平面的，而不是立体的，在心理上有很大的距离感。他们不喜欢这种方式，而更倾向于面对面地交流和沟通。

(3)有的学员认为不同背景的人共同学习是一个开阔眼界的好机会，他们乐于同他人分享经验和信息。

(4)有的学员认为不同的人有不同的学习目的,他们认为兼顾各种学习目的的培训是一种浪费。E-learning 给他们提供了自主学习的机会,而多媒体远程培训的课题授课与普通授课没有多大区别,反而会造成心理距离感。

(5)有时学员因为不必面对面地交流而消除了心理上的恐惧感;而另外的一些学员因为要面对更多素不相识的人而在课堂上表现得拘谨。

可见,仍然有许多学员对远程培训这种形式不太习惯。为了更好地让学员适应这种培训,应注意在课程前给学员以相关培训,特别是可视会议系统、网络等的使用。通过这些培训,还可以增加学员的技术自我效能感,树立对应用新兴技术进行培训的信心。同时要注意协调各地的学员,保证远程培训中多向沟通的信息对学员是有价值的,使远程培训真正成为学员学习和沟通的媒介,以增强培训效果。有时,也可以在培训前对学员进行筛选,那些了解其他受训地点的文化背景,有突出的接受能力和消化知识的能力、对待事物积极热情、对新技术有较强的适应能力的学员通常会取得比较好的培训效果。

(五)实施的其他注意点

除了上述讲到的实施注意点外,在多媒体远程培训中还要注意培训时间和地点的选择以及人数的选择。选择教学地点的数量要考虑到技术要求。高速电话线、ISDN、DDN 或卫星通信线路可任选。通信线路所允许的带宽限制了教学地点的数量,教学地点太多会造成信息堆积。但同时也要充分利用通信线路允许的带宽,根据培训需要选择培训地点。在跨国企业中选择分支机构参加远程培训时要参照评估培训需要的结果。如果有多个分支机构需要参加该项培训,但实际情况又不允许有太多机构参加,就必须从中进行挑选。挑选时要考虑到培训需求的紧迫性、该分支机构对整个企业的重要性、与教师所在地的时差、各个教学地点的设备配置等因素,注意教学地点的实际情况不能相差太大。

远程培训有多于两个的教学地点,因此参加的人数必定多于传统的培训。但是参加的人又不能太多,否则由于课程时间的限制,学员参与的机会将大为减少,这会影响学员在培训中的积极性,降低培训的效果。一般对于一个有四个参训地点的远程培训来说,每个参训地点有 10～15 人参加为宜。

由于受训地点位于世界各地,会存在时差。培训的组织者必须了解各个受训地点的当地时间和其他教学地点相差多少。尽可能把培训安排在工作时间,如果实在难以协调,也要避免过早或过晚。对于每一次的培训来说,只有学员积极参与培训才会收到良好效果。因此,远程培训要有时间让大多数学员有参与发言的机会,这样学员发言占用的时间比例就势必比传统培训多,为保证教师的讲授时间,培训时间很可能会比传统培训长。但考虑到人学习的规律,时间也不能太长,一般以两小时为宜。

课后讨论

案例分析

思科:网络化学习

思科是一个生存在网络上的公司,有非常发达的内部网。其庞大的 E-learning 系统构成了一个特殊训练环境。思科公司的 E-leaming 系统包括以不同形式发送的学习内容、学习过程的管理,以及由学员与内容供应的开发者或专家共同参与的网上学习社区。与传统的学习环境相比,E-learning 有三个主要的变化:首先是通过 Web 进行发送;其次是对学习进行电子化管理,包括学习跟踪、报告及评价;最后是在学习过程中,学员之间进行的电子化协作。

E-learning 通过在线的评价及预见性的学习内容设置,可以使学习的速度加快,而且学习再也不用受到培训者和培训地点的限制。通过削减旅行费用及时间,培训的成本将大大降低。同时,培训者及其他资源,由于更多的受训者可以共享使用,其利用效率也可提高,充分体现了网络络训练快捷便利的特点。

在这样的网络环境中进行训练,员工学习更加自主,对自己的学习进度负责,同时他们也将拥有可以评价自己学习成效的工具。组织可以跟踪和管理受训者的学习成效以确保达到相应的要求,内容供应者及开发者直接收到关于学习系统的反馈,开发者能够随时改进课程设置。

网络训练还有一个非常好的特性是内容比较容易更改,竞争发生变化,知识也要发生变化,通过 E-learning 能使员工跟上不断变化的经济。E-learning 使得商业结构能够适应市场的快速变化,并且从中受益。

通过在线的训练模式,思科公司能够低成本地发送各种格式的训练内容、跟踪及管理学习过程,并向公司所有人员提供一个由专家、教员及学习者共同参与的学习社区。同时,公司能够迅速有效地重新定义及利用相关内容,大大减少开发与发送所需的时间。在线课程具有相当大的灵活性,学员随时随地都能学习。这使得思科公司在训练方面的成本大大降低。学员能够自由地选择他们的进度,而且不受地域的限制。通过在线测试和进度管理工具,E-learning 可以使学员自己掌握学习的主动权,因而大大激发了他们自己的创造力和效率,提高了学习的速度。在他们通过在线测试之后,学员可以自己设计课程计划。管理者同样也可在线跟踪学员的进度。

思考题

1. 思科公司的这种网络培训方式如何体现了“以人为本”的特点?

2. 借鉴思科公司的 E-learning 系统,思考网络培训方式应该注意的环境?

第九章　培训成果的转化与效果评估

重点问题

- 培训成果转化的氛围
- 企业常用的工具及技术
- 培训效果评估的内涵及意义
- 培训效果评估形式的选择
- 培训效果评估信息收集的渠道
- 培训效果评估的方法
- 培训效果评估数据的整理与分析

关键术语

- 培训转化
- 转化氛围
- 等级加权分析
- 培训评估
- 评估信度
- 评估效度

第一节　培训成果转化

培训转化(transfer of training),是指受训者有效且持续地将所学到的知识、技能、能力等运用于工作中的过程。影响培训转化的因素可以大致分为转化氛围、管理者支持、同事支持、运用所学能力的机会、技术支持、自我管理六项。

影响企业培训成果的因素有很多,且大多数企业的培训成果影响力大多数短期随意的,不能为培训结束后的成果转化及未来培训效果评估提高详尽、科学的材料依据。因此,建立科学的培训成果转化机制和效果评估机制刻不容缓。影响培训成果的因素主要有以下几种。

一、培训成果转化的氛围

所谓转化氛围是指受训者对各种能够促进阻碍培训技能或行为方式应用的工作环境特征的感觉,这些特征包括上级与同事的支持、运用所学技能的机会以及运用所学技能的成果等。为了有助于培训成果转化的积极氛围的特点,如表 9.1 所示。

表 9.1　有助于培训成果转化的积极氛围的特点

特征	具体描述
上级与同事鼓励	上级与同事鼓励受训者积极运用在培训中学到的新技能行为并为之确定目标
任务提示	受训者所从事的工作特征推动或提醒受训者运用在培训中学习到的新技能和行为
反馈结果	上级支持受训者把培训中所学到的新技能与行为运用到工作中去
惩罚现在	在刚接受完培训之后的受训者运用其所学新技能失败时,对他们不要责备
外在强化结果	受训者因为运用在培训中所学新技能和行为而得到加薪等外在奖励
内在强化结果	受训者因为运用在培训中所学新技能和行为而得到如上级和同事的赞赏等内在奖励

(一)管理者支持

管理者支持是指受训者的上级管理人员支持其下属参加培训,支持受训者将所学的技能运用到工作中去。

支持的程度越高,培训成果就越有可能得到转化。管理者能够提供的最低层次的支持是允许员工参加培训,而最高层次的支持是作为一名指导者亲自参加培训。作为一名指导者参加培训项目,就更有可能提供许多低层次的支持功能,比如强化员工在培训中对新学能力的应用、与员工探讨培训的进展情况、提供练习的机会等。

通常,企业应安排专门的时间向主管们解释培训的目的,并且告诉他们,企业期望他们能够鼓励员工参加培训;为员工提供实际练习的机会;强化培训内容的应用;对受训员工进行追踪,以评价员工在将培训内容应用到实际工作中所取得的进展。具体应做到以下两点:

第一，建立畅通的沟通渠道。无论是企业内部培训还是外部培训，企业的决策层（高层领导）必须与培训操作层（培训部门/培训公司）进行沟通，坦诚相待，使操作层明确企业需求，将企业的真实需要编制到课程中去，尽可能地防止培训内容与本企业的核心价值观发生冲突。

第二，建立“360 度评价体系”，将“培训重视程度”作为其中重要考核指标。”“360 度评价体系”是一种全方位获取绩效信息的考核制度。著名的 GE 公司就在考核制度中引入了这一指标。GE 规定：一旦管理者在考核中被下属认为“不注重培训”，将对其加薪晋职产生严重影响，甚至失去领导资格。

从培训有利转化的角度考虑，企业部门经理和一线主管也应参加培训，至少培训人员应在受训人员参与培训前与其主管或上级取得联系，告诉他们受训者即将得到怎样的培训及其大致情况，这样。受训者的主管或上级就知道在培训前和培训后应如何配合或支持员工。例如，可让主管在培训前与参训的员工谈话，告诉他们参加培训的一些小技巧。培训结束后，主管再让员工演练在培训中学到的技能，主管和员工也可以共同制订一个在一定时间内应用新技能和新制度的计划和目标。表 9.2 反映了主管或上级对培训支持的程度与培训转化效果间的联系。

表 9.2　上级对培训支持的程度与培训转化效果间的联系

支持形式	支持水平	培训转化效果
参加培训教学	高	高
支持受训者实践并为其创造计划	↓	↓
强化受训者在培训中新学技能的应用	↓	↓
鼓励受训者参加培训	↓	↓
允许受训者参加培训	低	低

（二）同事支持

在员工间建立起一种支持网络会有助于强化培训成果的转化。通过员工间的交流，他们可以分享将培训内容运用到工作中去所取得的成功经验。他们还可以讨论如何争取在运用培训中所传授的技能时所需的资源，或者如何对待对培训内容应用于实践时产生干扰的不良环境问题等。

管理者还可为每位受训员工配置一名导师——一位原来参加过同样培训且工作经验更为丰富的员工。这位导师可能是受训者的同事，他会向受训者提供如何将培训内容成功转化为工作实践的建议和支持。

同事的支持主要是通过建立支持网络来强化培训成果的转化。支持网络是指两个或两个方面取得的进展。表 9.3 反映了同事支持网络的组建方式与培训转化效果之间的联系。

表 9.3 同事支持网络的组建方式与培训转化效果之间的联系

同事支持网络组建方式	内容	培训转化效果
面对面会议方式	定期见面，相互交流如何将新学的新技能运用到工作中去	高 ↓ 低
咨询导师方式	组织安排一名同样训练且经营丰富的员工作为咨询人员，帮助受训者解决难题	
内部简讯方式	组织或培训师在组织内部以刊物或简讯的形式传播成果经验	

(三)运用所学能力的机会

员工将培训项目中所学到的新知识、新技能及培养的新行为运用到实践中的机会越多，培训的效果也就越明显。员工应用在培训中所学能力的途径之一就是去从事需要运用所学内容的工作。管理者在决定这种工作安排中起着关键作用。与那些在工作中很少有机会使用在培训中所学内容的员工相比，有较多机会应有所学内容的员工往往更为长久地掌握所学的内容。

运用所学的能力及执行机会，是指向受训者提供或受训者主动寻找机会来应用培训中所学知识、技能和行为方式的多少程度。一般地，执行机会受工作环境和受训者学习动机的双重影响。员工的工作环境主要是与上级工作安排、同事支持与否相关，而受训者的学习动机决定了受训者是否愿意积极承担责任，愿意将培训中所学知识应用到工作中去。执行机会包括应用广度、活动水平及任务类型。应用广度指可用于工作中的培训内容的多少。活动水平是指在工作中运用培训内容的次数和频率。任务类型是指工作中执行的培训内容的难点和重点。

一般而言，有实践机会的受训者要比没有实践机会的受训者更有可能保持所获得的技能。衡量执行机会的多寡，可以从三个方面考虑：受训者是否执行后某种任务；执行了多少次；难度大且富有挑战性任务的执行情况。如果某位受训者的执行机会少，那么他或她有可能要接受再培训，或反映了这样现实——培训的内容并没有想象中的那么重要。

(四)技术支持

管理者可以使用各种工具和技术减轻培训工作的负担。目前，为企业运用的工具和技术主要包括以下几种：

1. 培训手册

培训手册，或者是“系统工作”手册，有助于教授日常知识。对培训者和受训者来说，它能使培训过程更加通俗易懂。当受训者不知道该怎么做时，可以参考培训手册。

2. 交互式计算机培训

许多公司已开发出培训各领域员工的计算机软件。这些软件大部分是为在校生设计的，它们能使学生根据自身情况去学习。交互式计算机培训可以使受训者在工作中继续进行学习。他们还可以进行自我检测，了解自已的掌握情况。

因为大多数公司有一套自己的做事方式，供受训者使用的软件对于公司来说用处不大。但是教授基础会计技能和各种计算机操作方法的专门软件对任何公司都非常有价值，因此公司可选出一些对自己有用的软件来巩固受训者在培训中所学的知识。

3. 实例研究

实例研究是对真实或模拟情况的研究，它能为学员分析问题、讨论问题和解决问题。

它能帮助受训人员解决在培训后日常工作中可能遇到的各种难题，因为这些例子都是模拟受训人在公司中可能遇到的各类情形。使用实例研究能够减少受训后的员工实际工作中可能遇到的各类情形。使用实例研究能够减少受训后员工实际工作中的错误。实例研究的最大好处就是：受训后的学员通过合作解决问题，学会如何组织和运用部门成员去解决问题。

4. 角色扮演

培训员工最后的方法是角色扮演。与案例研究一样，角色扮演应以一位受训人在工作中可能遇到的真实情况为基础，例如与客户打交道、解决同事间的纠纷或进行工作检查。

为了使这种方法更有效，企业应认真组织安排角色扮演。必须向参加者简要说明练习的目的，并且分给每一位参加者一个特点角色去扮演。

可以把部门成员分为几个小组。然后选出一名参加过培训的员工扮演此角色，其他组员加入其中来配合这名演员。角色扮演结束后，大家一起评价并交流这次经历的心得体会，巩固受训中所学的知识与行为要求等。

5. 录像带

近几年来，在培训方面的一个突出变化就是把录像带作为培训工具。有各种各样的培训录像带。录像带非常适合受训者从事日常工作。公司可以通过录像带巩固受训者在培训中学习的内容。对于灵活性及主动性较大的工作，录像带可能会阻碍创造力的发挥。人们倾向于接受从录像带中所看到的，并把其作为唯一正确的方法。

（五）交叉培训

在以部门为基本运作单位的企业里，如果部门中的每位成员都能做其他人的工作，那么非常有益的。类似“这不是我的工作”的抱怨之词已不再奏效。

在多功能部门中，这种能力并不总是可行的。如果部门是由来自不同领域的员工组成，他们不能相互承担工作。由来自市场营销、工程及金融领域的员工组成的部门不能轻易地进行交叉培训。

但是，在大多数部门都由从事相同工作的人员组成。如以销售为主的部门应由订货登记员、售后服务代表和计算机操作员组成，所以成员都可以就部门工作的各个方面进行培训。如果有必要的话，他们彼此还可以从一个工作转到另一个工作。

交叉培训让受训者在培训后的工作中，能继续巩固并发展其各自能力、技术，并积累经验。

（六）自我管理

研究表明，许多加入员工队伍的新员工甚至老员工都不愿意被人监管，但他们大多数又缺乏在没有监管条件下工作的自我管理能力。既然员工无法有效地进行自我管理,那么企业必须培养他们的这种能力。尤其是对新员工,由于他们对周围环境很生疏,且今后在企业中还有很多的路要走,所以自我管理能力对于他们至关重要。

培训转化中的自我管理理论认为,自我管理是培训项目中让受训者进行自我控制的新技能以及特定行为方式在工作中的运用。一般来说,实施自我管理的受训者的转换行为和技能水平,要比没有应用自我管理的受训者的转换行为和技能水平高。自我管理的内容主要包括:设置运用所学新技能将要达到的目标;判定目标的合理性;在工作中应有新技能并进行结果反馈;进行自我监督和自我强化。

在员工进行自我管理式的培训技能转化中,往往由于缺乏时间、资金、设备,缺乏同事及管理者的支持,导致培训转化的效果不佳。表 9.4 给出了如何克服这些障碍的自我管理方法。

表 9.4　自我管理模式

1	讨论偏差或过失	注意培训转化不佳的原因,提出改进方向
2	明确要转化的目标技能	个人职业生涯规划及组织岗位分析
3	明确导致偏差或过失的个人或环境因素	自我效率低、时间压力、缺乏同事或管理者的支持
4	讨论应当策略	时间管理、设立先决条件、自我监督、建立个人支持网络
5	判别与明确何时可能发生过失现象	对付过时的行动方案
6	与确保培训转化相关人员进行讨论	管理者、培训者、其他受训者

第二节　培训效果评估

一、培训效果评估的内涵和意义

培训的主要目的是确保组织中的成员拥有能够满足当前和未来工作所需要的技术或能力。组织之所以需要对人力资源培训项目进行认真、系统地评估,是希望通过系统地收集有关培训的描述性和评判性信息,在判断该培训项目的价值以及持续地改进各种培训活动时,做出更明智的决策。

有关培训效果评估的概念曾经有许多学者有过阐述,综合各位学者的见解,培训效果评估收集企业和受训者从培训当中获得的收益情况以衡量培训是否有效的过程。

组织对其所开展的培训项目进行评估的意义主要体现在以下几个方面:

第一,通过评估可以让管理者以及组织内部的其他成员相信培训工作是有价值的。如果培训专员不能用确凿的证据来证明他们对组织所作的贡献,那么在将来编制预算的时候,培训经费就可能被削减。

第二，通过评估可以判断某培训项目是否实现了预期的目标，及时发现培训项目的优缺点，必要时进行调整。

第三，计算培训项目的成本一收益率，为管理者的决策提供数据支持。

第四，区分出从某培训项目中收获最大或最小的学员，从而针对性地确定未来的受训人选，并为将来培训项目的市场推广积累有利的资料。

总之，评估是培训流程中的关键组成部分。只有通过评估，大家才能了解某个培训项目是否达到了预期的目标，并通过培训项目的改进来提高员工个人以及组织的整体绩效。

培训效果可以从不同层次来评估，包括反应评估、学习评估、行为评估和结果评估，不同层次的评估内容、方法、时间以及主体都会有所不同，

二、培训效果评估的形式选择

(一)非正式评估和正式评估

1.非正式评估。非正式评估指评估者根据自己主观性评价做出的判断，而不是用事实和数字来加以证明的评估。

非正式评估一般不需要记录有关信息，但有时需要记下某些注意到的、认为对评估有价值的信息，如培训对象的有关表现、态度和一些特殊困难等。

虽然非正式的培训评估是建立在评估者的主观看法上面，但在有些时候能够发挥很大的作用，尤其是在要培训者与培训对象之间的关系以及培训对象对待评估的态度等问题做出评估时。非正式评估最大的优点是可以使评估者能够在培训对象不知不觉的自然态度下对其进行观察，因为培训对象的这些态度在非正式场合更容易表现出来，这就减少了一般评估给培训对象带来的紧张和不安，不会给培训对象照成太大的压力，可以更真实而准确地反映出培训对象的态度变化，从而在某种意义上，增强了信息资料的真实性，增强了评估结论的客观性和有效性，可以使培训者发现意料不到的结果。非正式评估另外一个优点是方便、易行，几乎不需要耗费什么额外的时间和资源，从成本一收益的角度来看是很值得的。

2.正式评估。当评估结论要被高级管理者用来作为决策的依据，或者为了向特定群体说明培训的效果时，就需要用到正式评估。

正式评估往往具有详细的评估方案、测度工具和评判标准。正式评估尽量剔除主观因素的影响，从而使评估更有信度。在正式评估中，对评估者自身素质的要求降低了，起关键作用的因素不再是评估者本身，而是评估方案和测试工具的选择是否恰当。

正式评估的优点是：在数据和事实的基础上做出判断，使评估结论更有说服力；更容易将评估结论用书面形式表达出来，如记录和报告等；可将评估结论与最初计划进行比较核对。

在一些正式的评估中，也并不是完全排除了评估者的主观因素，还是可以发现一些主观性的。作为一名评估者，应该分清楚在对培训对象的评估中，哪些是正式的哪些是非正式

的，哪些是主观的，哪些是客观的。

（二）建设性评估和总结性评估

1. 建设性评估

建设性评估就是在培训过程中以改进而不是以是否保留培训项目为目的的评估。如果评估结论表明培训项目并不像培训者所期望的那样良好地运转，就可以对培训项目做出适当的调整，如改变培训的形式等。建设性评估经常是一种非正式的、主观的评估。

培训过程中建设性评估作为培训项目改进的依据，它有准于培训对象学习的改进。除此之外，建设性评估还可以帮助培训对象明白自己的进步，从而使其产生某种满足感和成就感。这种满足感很成就感在培训对象后一阶段的学习中，将会发挥巨大的激励作用。

当进行建设性评估时，需要保证定期评估不过分频繁，也不能让培训对象有一种他们一直在进行简单、乏味和重复学习的感觉。否则，建设性评估就无法发挥它的激励作用，其他一些优势也会因此而丧失。很显然，如果培训对象对频繁的评估感到厌烦，甚至因此憎恨培训，认为进行测试的时间甚至超过学习、工作的时间，那么评估显然是失败的。这时，我们就要考虑评估频率的问题。

评估频率的问题主要是针对建设性评估提出的，它指进行两次连续评估之间所隔时间的长短。时间越短，频率越高；时间越长，频率越低。何为适当的频率，只能针对每一培训项目的实际情况而言，并没有一个统一的标准。尽管如此，对于多次评估利弊的分析还是有助于我们对评估频率的选择的。

2. 总结性评估

总结性评估指在培训结束时，为对受训者的学习效果和培训项目本身的有效性做出评价而进行的评估。这种评估经常是正式和客观的。

总结性评估的终局测试身份正规，具有较强的说服力。它适用的情况包括：当评估结论被作为决定给予受训者某种资格，或为组织的决策提供依据时才采用。但是终局测试毕竟是结束的象征，无论评估结论如何，只能用于决定培训的生死，而不能作为培训项目改进的依据；只能用于决定是否给受训者某种资格，而再也无助于受训者学习的改进。

总结性评估关注整个培训项目使受训者获得的改进，从而引发出这样一个问题：评估者是否能够全面评估受训者所学习的全部内容。一个短期培训可能不具有这个问题。但对于一个长期培训而言，这个问题往往十分突出，为了解决这一问题，评估者不得不定期地对受训者进行相隔不算太久的阶段性测试。

当进行总结性评估时必须注意，培训目标和预期培训效果必须从头到尾是清晰的，这不仅是对于培训者而言，同时也包括受训者在内。在培训之前，可以通过书面测试或通过小型座谈会的形式，使受训者了解培训的目的。

三、培训效果评估信息收集的渠道

培训效果评估信息收集主要有四种方法，即资料法、观察法、面谈访问法和调查问卷法。

（一）通过资料收集评估信息

要收集有关培训项目效果评估的全面资料，首先就要明确需要收集的资料有哪些。并列清表格。避免毫无目的地收集。要收集的资料包括:培训方案的资料;有关培训方案的领导批示;有关培训的录音;有关培训的调查问卷的原始资料和统计分析资料;有关培训的考核资料;有关培训的录像资料;有关培训实践人员写的会议纪要、现场记录;编写的培训教程等,如表 9.5 所示。

表 9.5　培训效果评估资料收集表

编号	资料名称或内容	收集时间	收集渠道	相关人员	

(二)通过观察收集评估信息

通过观察来收集培训效果评估信息主要分为三个阶段,即培训前观察收集、培训中观察收集和培训后观察收集。一般需要收集如下信息:培训组织准备工作观察;培训实施现场观察;培训对象参加情况观察;培训对象反映情况观察;观察培训后一段时间内培训对象的变化等,如表 9.6 所示。

表 9.6　观察收集评估表

观察对象	观察项目	观察结果
培训组织管理人员		
培训对象		
培训对象相关人员(上司或下属)		
培训环境及设施		

续表

观察对象	观察项目	观察结果
培训对象参加情况		
培训师		

注：此表一式三份，分别为培训前、培训中以及培训后观察收集评估表。

(三)通过面谈访问收集评估信息

通过面谈访问的方法来收集培训效果评估信息，一般在培训项目开展之前和培训项目开展之后进行，在培训项目进行过程当中进行面谈访问往往会影响培训计划的正常进行，但面谈访问的范围要相对较为广泛，组织内部的决策者也同样包括在内，要通过访问组织决策者来了解高层领导人员对所评估的培训项目的期望。一般面谈对象包括：访问培训对象、访问培训实施者、访问培训管理者、访问培训对象领导和下属。

面谈访问法是通过面对面进行交流，充分了解相关信息的方法。面谈访问法有利于双方相互了解，建立信任关系，获得比较准确的信息，但是面谈法也有自身的弱点。面谈法需要花费较长时间，在一定程度上可能影响被访谈者的工作，而且面谈访问法的技巧要求较高，一般被访谈者不会轻易吐露实情。面谈访问法有个人面谈访问法和集体面谈访问法两种具体操作方法。

(四)通过调查问卷收集评估信息

调查问卷收集培训效果评估信息主要在培训前、培训中和培训后进行，其中在培训前的评估调查问卷可以通过培训管理人员获得，因为培训项目开展之前培训管理人员要进行培训需求的调查，培训需求调查问卷基本包括了培训前培训效果评估信息的内容。一般需要进行一下调查：培训课程调查；培训组织调查；培训内容及形式调查；培训师调查；培训效果综合调查。

为不影响培训项目的正常进行，同时降低评估对象的反感情绪，培训中的评估调查宜简不宜繁，占用时间应该较短，因此，调查问卷也要重点突出。培训效果评估的方案设计种类，如表 9.7 所示。

表 9.7　培训效果评估的方案设计种类

设计种类	评估对象	评估(测量)是否进行	
仅有后测，无对照组的设计	培训组	培训前	培训后
前测—后测的设计	培训组	否	是
后测—对照组的设计	培训组和对照组	是	是
前测—后测—对照组的设计	培训组和对照组	否	是

续表

设计种类	评估对象	评估(测量)是否进行	
所罗门四组设计	培训组	是	是
	培训组	否	是
	对照组	是	是
	对照组	否	是
时间序列设计	培训组	是	是(分时间进行多次)

第三节　培训效果评估的方法

一、培训效果评估的定性分析方法

定性评估法指评估者在调查研究、了解实际情况的基础之上，根据自己的经验和相关标准，对培训效果做出评价。

以定性方法进行评估只是对培训项目的实施效果做出一个方向性的判断，也就是说主要是“好”与“坏”的判断，由于其不能得到数量化的结论，故不能对培训效果达到的程度作一个准确表述。

定性评估法的优点在于综合性较强。需要的数据资料少、可以考虑到很多因素、评估过程评估者可以充分发挥自己的经验等，因此定性方法简单、易行，尤其在培训中有些因素不能量化时，进行定性评估就比较适合。如对员工工作态度的变化进行评估，要想全部量化成一系列的指标几乎是不可能的。

但定性评估法一大缺点在于其评估结果受评估者的主观因素。理论水平和实践经验影响较大。不同评估者可能由于工作岗位不同、工作经历不同、掌握的信息不同、理论水平和实践经验的差异以及对问题的主观看法不同，往往会对同一问题做做不同的判断。

定性评估法有很多种，如讨论、观察、比较、问卷调查等方法都是定性评估法的范畴。

(一)讨论法

将受训者召集到一起，开一次讨论会。会议上，让每一个受训者告诉你他学会了什么，他是如何把所学到的知识应用到工作中去的，以及他需要什么样的进一步帮助等一些问题，从中获取关于培训效果的信息。

讨论会不要再培训一结束就举行，在培训结束一段时间以后举行可能更为合适，比如一个月后。这时，培训的效果基本上体现出来了，过早的评估可能很难得到有效的信息。

(二)观察法

观察法指评估者在培训结束以后亲自到受训者所在的工作岗位上，通过仔细观察，记录培训对象在工作中的业绩与培训前的进行比较，以此来衡量培训对受训者所起到的效果。

这种方法由于要花很多时间，并不能大范围使用，一般只是针对一些投资大、培训效果对企业发展影响较大的项目。

（三）比较法

比较法是一种相对评估法，包括纵向比较评估和横向比较评估两个方面。纵向评估是将评估对象放在自身的发展过程中，进行历史和现实的比较，看其发展的相对位置是进步了还是退步了，其效果是增强了还是削弱了。

横向比较评估是首先在评估对象中选择好培训组，接着选择对比组，然后分别进行测定，这两个测定结果应该是相似的，即工作表现、工作绩效以及个性特征（包括性别、年龄、教育水平、在职年限以及技能水平）相似，接着对培训组进行培训，而在同一时期对比组照常工作而不进行培训，最后在同一时间内培训组和对比组分别进行评估。以此来判定培训是否达到了效果。

此外，比较法中还有一种达度评估方法，就是在评估对象之外，确定一个客观的标准，评价时，将评估对象与客观标准进行比较，衡量评估对象达到客观标准的程度，并依照其程度分出高低等级来决定取舍。

（四）问卷调查法

问卷调查法即以书面的形式，拟订若干问题请有关人员填写、问答。对一些评估指标可以通过问卷的方式直接向评估对象了解，有时还把答案按一定标准折合成分数。这种方法也是目前企业培训活动中运用非常普遍的方法。运用这种方法的关键在于设计出一份优秀的问卷。一份优秀的问卷应该与培训目标紧密相联，并且与培训内容有关，问卷内容应包括培训的一些主要因素，如培训师、培训场地、培训教材等主要环节。

为了对不同对象或者培训活动的某一特定阶段进行重点评估，评估者可以专门就某一对象或培训活动的某一特定阶段设计问卷，以便及时获得有关信息，如专门对受训者进行评估，或专门对培训师进行评估，或专门对课程、教材进行评估。此外，评估者亦可专门就某一对象在培训活动的不同阶段的表现设计问卷进行评估。问卷评估的内容或范围可多可少、可大可少，但问卷上的每一问题应有一定的深意。总之，问卷设计是否得当，往往是这一方法能否成功运用的根本。

评估问卷没有统一的格式，问题也不固定。评估者可以根据评估目的、评估要求和评估重点自行设计。

二、培训效果评估的定量分析方法

定量分析是对培训作用的大小、受训者行为方式改变的程度以及企业受益的多少给出数据解析，通过调查统计分析来发现与阐述行为规律。定量分析体现了国际管理科学的发展趋势，有助于企业树立以结果为本的意识，有助于扭转目标错位，所关注的应是受训者素质能力的提高程度，而不是证书之类的“符号”形式。从定量分析中得到启发，然后以描述形式来说明结论，这是行为学中是常见的。

根据培训目标要求和受训对象的工作实际，确定评估内容及使用的具体指标，即构成评估方案。培训效果表现形式是多样的，因此一种评估方案的指标形成一个完整的体现。在评估时进入体系的相关指标是能反馈培训效果并被使用的指标。建立评估指标体现时容易出现两种偏差：一种偏差是指标体现列入了不相关的指标，如进行安全意识培训，评估是是员工的缺勤改变情况；另一种偏差是指标体系不完整，如对管理者进行沟通技巧培训，结束后只评估他与其他管理者的沟通技巧改变，忽略了他与下属间的沟通技巧改变。

培训效果评估是指标包括受训者在工作中行为的改进和企业在培训中获得的成果。行为改进主要是软件指标，如工作习惯、沟通技能、对企业文化的认同感、自我管理能力等。这类指标无法收集直接数据，通常是问卷调查是结果或主管的观察印象。评估时可将指标划分为几个等级，如优、良、中、合格、不合格，然后给每一级一个描述，并与收集到的效果信息进行比较得出一个等级（水平）结果。

企业在培训中所获得的成果主要是硬性指标，如时间节省、生产率提高、产量增加、废品减少、质量改进、成本节约、利润增加等，下面分别介绍几种定量分析的方法。

（一）成本—收益分析

通过成本—收益分析，计算出培训的投资回报率（IR）是培训效果跟评估的一种最常见的定量分析方法。培训成本来源包括项目开发或购买成本，培训师工资成本，培训师及受训者学习材料成本，培训场所、设备成本，培训组织者及辅助员工的工资和福利成本。因培训发生的交通及餐宿成本，受训者因参加培训而损失的生产量等。若是一次性发生的成本，如项目开发、购买培训设备、修建场所等，可按会计方法进行分摊。培训实施可能是要降低生产成本或额外成本，或改进产品质量，或者增加生产量，或者增加市场销售。总之，培训收益是企业因培训获得的经营成果的增加量。

考虑到培训成果发挥的年限，我们可以用更一般的表达式来计算培训收益：

$$\mathrm{TE}=(E_2-E_1)\times \mathrm{TS}\times T-C$$

其中：TE—— 培训收益；

E_1——培训前每个受训者一年产出的效益；

E_2——培训后每个受训者一年产出的效益；

TS——参加培训的人数；

T——培训收益可持续的年限；

C——培训成本。

培训的投资回报率是指用于培训的每单位投资所获取的收益，它也可以作为衡量培训成果的一个指标。当然，投资回报率和效果是成正比的。我们可以用下列公式表示培训的投资回报率：

$$\mathrm{IR}=\frac{\mathrm{TE}-C}{C}\times 100\%$$

其中：IR——投资回报率；

TE——培训收益；

C——培训成本。

（二）等级加权分析

当培训效果的评估指标由多指标组成时，需要给评估对象建立指标体系，确定各项指标的权重，如每个指标分 5 级水平，由多名评估人员进行评估，然后根据统计结果进行分析。指标体系的总权重为 100%（即 1），如某个指标按其重要程度被赋予 15%（即 0.15）。将培训效果的评价指标进行加权量化，获得评价结果以后，就可以与培训前的相应评价指标进行对比分析，以此评估培训结果。

（三）评估的可信度的

按照上面介绍的定量分析方法，对受训者培训前后各测评一次，便可评估出培训的效果。由于企业的工作是多方面的，工作业绩是多维度的，评估人员的素质（成熟度、统计能力、品德等）也有高有低，因此培训活动是多因多果的。有的经营结果可能不是由于培训而是其他因素，如采用新设备产生的；有的行为结果是培训产生的，但却难以衡量，如受训者的良好表现可促使其他员工努力学习以改善工作的这种辐射反应。为了让评估的结果更让人信服，真正对管理者、决策者有借鉴意义，那么评估结果的可信度，可采取前面所介绍的评估方案，特别是前测—后测—对照组评估方案，能极有效得提高评估结果的可信度。

为了确保培训评估的有效性和全面性，评估人员还要注意几个问题：时刻牢记培训目的和评估的基本要求，不能把“全员参与、气氛热烈、领导重视、投资量大、教师有名气、媒体有报道”这些表象的信息当做培训的成果来收集；评估方案设计要科学、合理、操作方便，经济性好；评估要认真对待，但也不是走向另一个极端，把评估变成科学研究，进行非常复杂的分析，分析的结果也让人难以弄懂，导致成本高，收效低；评估要坚持实事求是，客观、公正，这样的结果才能推动培训项目趋向实用、有效，帮助企业实现经营战略。除此之外，要注意评估方法的科学性和评估人员的素质。企业应尽量避免让培训组织者自己进行评估或评估人员与被评估对象间存在个人恩怨、权利斗争等情况。

三、培训效果评估数据的整理和分析

对收集来的评估信息不仅要归类、登记、建立数据库，还要进行必要的统计分析。在对数据进行分析时，会用到一些统计方法。一般来说，有三种统计方法较为常用，即平均数差异检验、方差分析、相关趋势分析。

（一）平均数差异检验

平均数差异检验指出平均数来检验两组数据之间的差异，如受训者前、后测验的分数上是否有差异、受训组和对照组在培训后测量分数上是否有差异。

平均数差异检验根据两个组之间的关系，可以分为相关样本和独立样本的差异检验。图 9.1 显示了平均数差异检验的分类。

通常通过 t 检验来进行测量检验。其公式为

$$t=\frac{x_{\mathrm{d}}}{\dfrac{s_{\mathrm{d}}}{\sqrt{n-1}}}$$

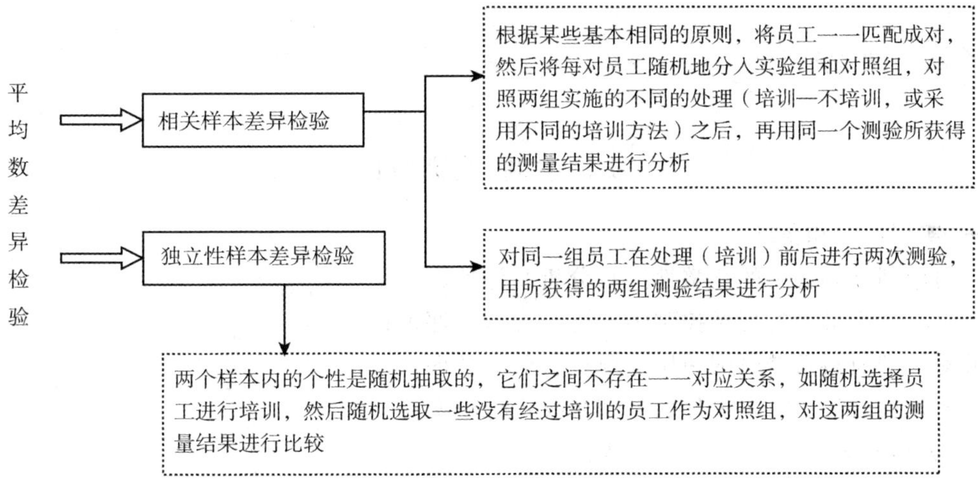

图 9.1　平均数差异检验分类

其中：x_d——两组差异的平均数；

s_d——差异的标准差；

n——样本数。

在进行检验时，还需要设定置信区间，即设定在多少概率范围内可以接受或拒绝两组数据有无差异的结论，通常称为 a 水平，一般设定 $1-a$ 为 0.95 或 0.99，即结论有 $(1-a)100\%$ 的可信度。参照 t 分布表，就可以做出统计推论。

1. 方差分析

方差分析用于对多个变量组数据的差异进行检验。它与 t 检验法相比，具有评估两个以上变量的效应，进行多组数据比较时能较为准确地做出判断，具有更高的统计功效。采用方差分析时，要计算出组内变异和组间变异。

组间变异指由于接受了不同的处理方法，如培训—没有培训，课程教授—电脑辅助教学—互动等产生的不同小组之间的差异。

组内变异指发生在同一组内部，由个别差异或误差导致的变异。

进行方差分析的目的在于，看看发生的变换到底是由于实施了不同的处理所产生的，还是仅仅由于误差所导致的。具体计算可参考统计学方面的相关书籍。

2. 相关趋势分析

相关趋势分析指利用相关性来显示培训项目中不同因素和学员业绩表现之间的相互关系。例如，将受训者在工作岗位上的业绩表现情况与参加培训后的测试成绩进行比较，就可以揭示两者之间的相互关系。如果排除了其他因素的影响，两者之间若存在显著相关，则可以认为培训是有效的。

在培训项目不同阶段收集到的数据往往会在当时的阶段就进行分析，以便为培训项目的调整提供信息。此后，可以继续收集后续跟踪数据，再将它们与最初的数据组合在一起分析，对整个培训项目进行评估。

课程实训

实训主题：培训自评

一、实训目的和要求

1. 对培训计划实施的完整性进行分析及评价；
2. 对培训主讲人的现场控制情况进行分析及评价；
3. 对培训材料及器材的使用情况进行分析及评价；
4. 对培训过程中突发事件的处理情况进行分析及评价。

二、教学方法

1. 讲解。2. 指导。3. 示范。4. 启发。

三、实训时间

4 学时。

四、实训地点

各班课室。

五、主要仪器设备

1. 白板。
2. 多媒体。
3. 其他相关器材。

六、实训内容和原理

1. 对培训计划实施的完整性进行分析及评价。
2. 对培训主讲人的现场控制情况进行分析及评价。
3. 对培训材料及器材的使用情况进行分析及评价。
4. 对培训过程中突发事件的处理情况进行分析及评价。

七、操作方法与实训步骤

1. 对培训计划实施的完整性进行分析及评价

(1)对培训计划制订的科学性进行评价分析。

(2)对培训计划实施的完整性进行评价分析。

2. 对培训主讲人的现场控制情况进行分析及评价

(1)主讲人现场控制情况评价。

(2)主讲人对培训计划完成情况评价。

3. 对培训材料及器材的使用情况进行分析及评价

(1)培训器材使用情况评价。

(2)培训器材借用情况登记。

(3)培训器材改进情况分析。

4. 对培训过程中突发事件的处理情况进行分析及评价

(1)培训中出现的突发事件记录。

①……

②……

(2)对培训过程中突发事件的处理情况进行分析及评价。

八、实训数据记录、处理与分析

1. 对培训材料及器材的使用情况进行分析及评价

(1)培训器材使用情况评价。

(2)培训器材借用情况登记。

(3)培训器材改进情况分析。

2. 对培训过程中突发事件的处理情况进行分析及评价

(1)培训中出现的突发事件记录。

①……

②……

(2)对培训过程中突发事件的处理情况进行分析及评价。

九、质疑、建议

1. 须由观察员首先给出全面情况说明。

2. 小组成员分别进行自评。

参考文献

[1]劳动和社会保障部、中国职工教育和职业培训协会.高级企业培训师培训教材.北京:新华出版社出版社,2008.

[2]劳动和社会保障部、中国职工教育和职业培训协会.助理企业培训师培训教材.北京:新华出版社出版社,2008.

[3]阿拉斯泰·瑞莱特[澳],凯文·罗罕[澳].创造培训奇迹.北京:中央编译出版社,1998.

[4]爱尔文·戈尔茨坦[美],凯文·伏特[美]合著.常玉轩译.组织中的培训.4版.北京:清华大学出版社,2002.

[5]安鸿章.现代企业人力资源管理.北京:中国劳动社会保障出版社,2003.

[6]巴纳德[美].经理人员的职能.北京:中国社会科学出版社,1997.

[7]曹荣,孙宗虎.员工培训与开发管理.北京:世界知识出版社,2002.

[8]陈刚,吴焕明.人力资源管理方法.广州:广东经济出版社,2003.

[9]陈全明.培训管理.深圳:海天出版社,2002.

[10]程社明,等.人生发展与职业生涯规划.北京:团结出版社,2003.

[11]蒂姆.欣德尔[英].管理思想.北京:中信出版社,2004.

[12]傅浙铭.培训金典.广州:广东经济出版社,1998.

[13]高文举.培训管理.广州:广东经济出版社,2001.

[14]华茂通咨询.现代企业人力资源解决方案.北京:中国物资出版社,2003.

[15]加里·哈默尔[美].领导企业变革.曲昭光,赖溟溟译.北京:人民邮电出版社,2002.

[16]贾士桐.人力资源培训、开发的一点随想.《中国轻工教育》,2001.

[17]简·格林[英],安东尼·格兰特[澳].以解决方案为导向的培训.北京:经济管理出版社,2004.

[18]江卫东.人力资源管理理论与方法.北京:经济管理出版社,2002.

[19]姜澎.企业集团如何建立培训考核指标.《中国人力资源开发》,2002.

[20]杰罗姆·S·布鲁纳[美]著.邵瑞珍译.教育过程.上海:上海人民出版社,1973.

[21]雷蒙德·A·诺伊[美]著.徐芳译.员工培训与开发.北京:中国人民大学出版社,2001.

[22]李春苗,林泽炎,裴丽芳.企业培训设计与管理.广州:广东经济出版社,2002.

[23]李发杉.企业人力资源培训的系统观考察.《中国培训》,2001.

[24]李桂萍著.现代企业人力资源管理.北京:中国物价出版社,2003.

[25]李海霞.网络环境下企业培训模式的探讨.《现代远距离教育》,2004年第5期.

[26]李建立.培训—企业成长的一种方法.《市场观察》,2002.

[27]李玮,杜健梅.企业培训效果不佳的原因.《企业管理》,2002.

[28]李燕萍.人力资源管理.武汉:武汉大学出版社,2002.

[29]李志飞.从生命周期理论看人力资源开发与管理.《兰州石化职业技术学院学报》,2004.

[30]理查德·L·达夫特[美].组织理论与设计.北京:清华大学出版社,2003.

[31]林方.中国大百科全书·心理学.北京:中国大百科全书出版社,1985.

[32]林泽炎.企业培训设计与管理.广州:广东经济出版社,2002.

[33]林泽炎,李春苗.理论导师.北京:中国国际广播出版社,2002.

[34]刘彩凤.培训管理.深圳:海天出版社,2002.

[35]刘新军.点石成金:企业培训实务.沈阳:沈阳出版社,2002.

[36]刘玉斌.试论企业员工培训风险的规避与防范.《现代财经》,2004 年第 3 期.

[37]柳瑞禹,冯兰杰.试论在学习型组织中的职业生涯规划.《中国软科学》,2004 年第 6 期.

[38]罗珉,潘旭明.论知识经济时代的组织发展.《电子科技大学学报》社科版,2004 年第 3 期.

[39]马丁·所罗门[英].培训战略与实务.北京:商务印书馆,1999.

[40]马国建.对中小企业人才培训误区的思考.《企业经济》,2004.

[41]马新建,等.人力资源管理与开发.北京:石油工业出版社,2003.

[42]梅里尔·安德森[美]著.关海峡,冒光灿,周展宏译.快速运转的组织发展.北京:清华大学出版社,2002.

[43]莫里斯·L·比格著.张敷荣,等译.学习的基本原理与教学实践.北京:人民教育出版社,1990.

[44]诺里·吉利兰[英]著,张枯,译.培训员工,赢得竞争.北京:商务印书馆,1999.

[45]彭剑锋,饶征.基于能力的人力资源管理.北京:中国人民大学出版社,2003.

[46]秦志华.人力资源总监.北京:中国人民大学出版社,2004.

[47]琼·普莱尔[英].培训与发展手册.北京:商务印书馆,1999.

[48]邱永环.管人　用人　培养.北京:中国纺织出版社,2003.

[49]冉斌主编.水藏玺著.培训促进成长.北京:中国经济出版社,2005.

[50]瑞威斯·海塞尔·考毕勒[美]著.方海萍,魏清江,等译.培训课程开发精要.北京:电子工业出版社,2003.

[51]邵瑞珍,等.教育心理学参考资料选辑.上海:上海教育出版社,1990.

[52]斯图尔特·克雷纳[英].管理百年.海南:海南出版社,2003.

[53]孙泽厚,罗帆.人力资源管理—理论与实务.武汉:武汉理工大学出版社,2002.

[54]唐志红,骆玲.人力资源:招聘·培训·考核.北京:首都经济贸易大学出版社,2003.

[55]唐宗礼.职工培训要'活'.《中国石油企业》,2005.

[56]滕宝红.如何进行员工培训.北京:北京大学出版社,2004.

[57]托马斯·G·格特里奇,赞迪·B·莱博维茨,简·E·肖尔[美]著,李元明、吕峰

译.有组织的职业生涯开发.天津:南开大学出版社,2001.

[58]托马斯·卡明斯、克里斯托弗·沃里[美].组织发展与变革.北京:清华大学出版社,2003.

[59]汪向勇.人在企业:IBM、CISCO、Intel 等世界著名企业用人之道.辽宁:辽宁人民出版社,2001.

[60]王磊.试论现代企业的人才培训机制.《理论界》,2002.

[61]王先玉,等.现代企业人力资源管理学.北京:经济科学出版社,2003.

[62]萧鸣政.人力资源开发学—开发组织内人力资源的理论与方法.北京:高等教育出版社,2002.

[63]晓光,倪宁.员工培训.北京:经济管理出版社,2004.

[64]肖胜萍.企业员工再培训手册.北京:中国纺织出版社,2003.

[65]徐宝侠,冯惠娟.合理设置培训课程 提高职工培训效果.《邮政研究》,2003 年第 19 卷第 1 期.

[66]徐宝侠,张梅丽.企业内部培训教师应具备的几种能力.《河北工业大学成人教育学院学报》,2003 年第 4 期.

[67]徐庆文,裴春霞.培训与开发.山东:山东人民出版社,2004.

[68]晏秋阳,曹亚克.企业员工培训效果评估模式的探讨.《江西行政学院学报》,2002.

[69]杨杰.组织培训.北京:中国纺织出版社,2003.

[70]杨毅.员工培训:"企业的软肋".《经营管理者》,2002.

[71]姚海林.学习规律.湖北:湖北教育出版社,1999.

[72]张承芬.教育心理学.山东:山东教育出版社,2000.

[73]张春兴著.现代心理学:现代人研究自身问题的科学.2 版.上海:上海人民出版社,1994,2004.

[74]张德,曲庆,王雪莉,等.人力资源管理.北京:中国发展出版社,2003.

[75]张奇.学习理论.湖北:湖北教育出版社,1999.

[76]张一弛.人力资源管理教程.北京:北京大学出版社,1999.

[77]张再生.职业生涯管理.北京:经济管理出版社,2002.

[78]赵妍.中国企业培训方略.《理论与改革》,2002.

[79]郑晓明.现代企业人力资源管理导论.北京:机械工业出版社,2002.

[80]众行管理资讯研发中心.培训需求分析与培训评估.广州:广东经济出版社,2003.

[81]朱方伟,武春友.基于人力资本理论的企业在职培训投资风险分析.《科学学与科学技术管理》,2004.

[82]Carnevale A P. The Learning Enterprise. Training and Development Journal, February. 1989.

[83]A. P. Carnevale, America and the new economy, Training and Developm. ent Journal, Nov. 1990. A. P. . Carnevale, America and the new economy, Training and Development Journal , Nov. 1990.

[84]A. P. Carnevale, The Learning Enterprise, Training and Development Journal,

February,1989.

[85] A. Rossett and J. Barnet, Designing Under the Influence, Training, December, 1996.

[86]B. Filipczak,Who Owns Your OJT?, Training, December, 1996.

[87]Baidwin and Ford, Transfer of Training:A Review and Directions for Future Research,Personnel Psychology, 1998.

[88]C. M. Solomon,When Training Doesn't Translate, Workforce, March, 1997.

[89]C. Steinfeld,Challenge Courses Can Build Strong Teams, Training and Development, April,1997.

[90]Chuang, A, Liao, WC, Tai, WT, An investigation of individual and contextual factors influencing training variables, Soc Behav Personal 33 (2) : 2005.

[91]D. Glener,The Promise of Internet—Based Training, Training and Development, September,1996.

[92]D. Lenhardt,Minneapolis Shows the Way, Business Week, September 1, 1997.

[93]Department of Commerce, Bureau of the Census, and Department of Labor, Bureau of Labor Statistics.

[94]Doherty, T, Tint, KS, Chopra, M, et al. , Measuring the effectiveness of PMTCT training initiatives ,xv Internatiornal Aids Conference : Policy and Program Implenentation: 2004.

[95]Donelan, H, Pattinson, C, Palmer—Brown, The analysis of user behaviour of a network management training tool using a neural network, Applications of Information and Cormmunication Technologies in Education. and Training: 2004.

[96]Economic Report of the President 2000.

[97]Fan, JCJ, Guh, WY, Chou, CH, et al. , The effect of computer self—efficacy and training on intention to use ERP, ISMOT'04 : Proceedings of the Fourth International Conferernce on Management of Innovation and Technology: 2004.

[98] Five Levels of Internet — Based Training, Training & Development, February, 1997.

[99]Industry Report 1997,Training, October, 1997.

[100]J. M. Rosow and R. Zager, Training the Cormpetitive Edge, San Francisco: Jossey—Bass. 1988.

[101]J. Quinn, Strategies for Change: Logical Incrementalism, Homewood, IL: Richard D. Irwin,1980.

[102]J. B. Watson, Behavior, An Introduction to Comparative Psychology, 1914.

[103]J. B. Watson , Psychology from The Standpoint of A Behaviorist , 1919.

[104]K. L. Miller and K. N. Anhalt,Without Training, I Can't Start My Real Life, Business Week, September 16, 1996.

[105]L. J. Bassi, A. L. Gallagher and E. Schroer, The ASTD Training Data Book,

Washington DC：American Society for Training and Development，1996.

[106]L. Keegan and S. Rose，The Good News about Desktop Learning，Training and Development，June，1997.

[107] M. Hequet，How does Multimedia Change Training? Trainin，g，February，1997.

[108]M. Van Wart，N. J. Cayer and S. Cook，Handbook of Training and Development for the Public Sector，San Francisco：Jossey—Bass，1993.

[109]"Multimedia Training in the Fortune 1000"，Training，September，1996.

[110]P. J. Decker and B. R. Nathan，Behavior Modelin，g Training，New York：Praeger Scientific，1995.

[111]R. B. Cohn，How to Choose Avideo Producer，Training，July，1996.

[112]R. Beckhard. Organizational Development，Strategies and Model [M]. Reading，Massachusetts：Addison—Wesley，1969.

[113]R. S. Schuler and S. F. Jackson，Linking Competitive Strategies with Human Resource Management Practices，Academy of Marnagement Excutive，1987.

[114]R. Zemke and J. Armstrong，Evaluating Multimedia，Training，August，1996.

[115]R. M. Gagne，The Conditions of Learning，4，ed. ，1985.

[116]Richard W. Woodman. Observations on the field of organizational change and development from the lunatic fringe [J]. Journal of Management，1985，9(3).

[117]Rogers，C. R. ，Learning to be Free，In stone，J. C. & Schneider，F. W. (Ed.)，Reading in—the Foundation of Education，Vol. 2，1971. 转引自《教育学文集·教学》上册.北京:人民教育出版社，1988.

[118]Rogers，C. R. ，. Personal Thought on Teaching and Learning on Becoming a Person，1971.

[119]S. Thiagarajan，"Instructional Games，Simulations，and Role Plays"，The ASTD Training and Developmen，t Handbook，4th ed.

[120] S. V. Bainbridge，The Implications of Technology — Associated Training，IHRIM—Link，January，1997.

[121]Song，J，Zhao，RM，Several questions on the training of human resources in our country，Orien. t Academic Forum Special：2004.

[122]T. G. . Hatcher，The Ins and Outs of Self—Directed Learning，Training and Development，February，1997.

[123]Tannenbaum，Enhancing Continuous Learning：Diagnostic Finding from Multiple Companies，Human. Resource Managemen. t，1997.

[124]Van Wert，Cayer and Cook，Handbook of Training and Development for the Public Sector.

[125]W. J. Rothwell and H. C. Kazanas，Planned OJT Is Productive OJT，Training and Development Journal，October，1996.

[126]Wang,ZH,The economic analysis of training for Chinese competent personnel of navigation,ISMOT 04:Proceedings of the Fourth International Conference on Management of Innovation and Technologe:2004.

[127]Warner W. Burke. Organizatiorzal Development: A Process of Learning and Changing[M]. 2nd Edition, Reading, Massachusetts: Addison—Wesley, 1994.

[128]Warren G. Bennis. Organizational Development: Its Nature, Origins and Prospects [M] . Reading, Massachusetts: Addison—Wesley, 1969.

[129]Wendell L. French & Cecil H Bell, Jr. Organization. Development [M]. 3rd Edition, Englewood Cliffs, New Jersey: Prentice-Hall Inc, 1984.

[130]What is Web — based Training, World Wide Web Site (http ://www. clark. net/pud/nractive/fl . html) .